KB202800

나답게,
행복하게 살고 싶어

나답게, 행복하게 살고 싶어

2021년   01월 01일 초판 1쇄 인쇄
2021년   01월 10일 초판 발행

지은이 ㅣ 박수빈 · 박예은 · 최보미
펴낸이 ㅣ 황성연
펴낸곳 ㅣ 글샘출판사
등록번호 ㅣ 제 8-0856

총판 ㅣ 하늘물류센타
주소 ㅣ 경기도 파주시 광탄면 혜음로 883번길 39-32
전화 ㅣ 031-947-7777
팩스 ㅣ 0505-365-0691
북디자인 ㅣ Creative & Art
ISBM ㅣ 978-89-91358-61-4

자기답게 살아가는 청년들의 이야기

나답게,
행복하게 살고 싶어

박수빈 / 박예은 / 최보미

하나님을 사랑하는 모습은 단순히 예배와 찬양 속에서만 나타나지 않고, 자연스럽게 이웃을 사랑하는 모습으로 나타납니다. 성경을 읽어 볼수록 하나님 사랑과 이웃 사랑은 순차적인 개념이 아니라 동시에 일어나는 영적사건임을 알 수 있는데, 하나님은 놀랍게도 이웃을 "네 몸과 같이" 사랑하라고 기준을 두셨습니다. 다시 말해, 하나님, 우리 자신, 이웃은 하나의 어우러짐 같이 같은 한 묶음의 사랑이라는 뜻으로 보입니다.

비교문화 속에서 자라면서 갈수록 자기 자신을 잃어가는 세대들 가운데 자기다움을 찾아보려는 청년들의 글을 받아 보게 되었습니다. 걸음마 같은 글이고, 자기다움을 향해가는 시도들의 집합체 같습니다. 소감은 한마디로 "귀하다"입니다. 남에게 보이려고, 남보다 나으려고 살아가는 세상에서 하나님께서 자신에게 주신 고유한 모습을 찾아가는 도전이 아름답습니다. 이런 시도들이 청년들 사이에서 많이 일어났으면 좋겠습니다.

글을 쓰고 인생을 쓰는 이 책의 작가님들 한 분 한 분이 자기다움과 우리다움, 예수님 다움이 일평생에 일어나길 축복하고, 자기다움을 찾는 이들에게 이 귀한 도전의 글들을 추천합니다.

– 이승제목사, 청년자기다움학교 지도목사 & 가까운교회 담임목사

이 책은 자기답게, 행복하게 살아가고 싶은 청년들의 이야기를 담은 책입니다. 세상은 '인생의 성공공식'이라도 정해져있는 것 마냥 줄 세우기식 경쟁을 최대한 부추깁니다. 누가 더 좋은 대학을 나왔는 지, 누가 더 좋은 회사를 다니고 있는지에 따라 가치를 매길 수 없을 정도로 소중하고 존귀한 한 사람 한 사람의 인생을 평가하곤 합니다.

언제까지 세상이 정해놓은 틀에 맞춰 살아가야 하는 걸까요? 세상이 정해놓은 틀을 넘어설 순 없는 걸까요? 세상이 정해놓은 틀을 넘어서서 자유분방하게 활동하고 싶다면, 세상이 말하는 성공의 기준을 새롭게 조작적 정의를 내리면 됩니다. 성공이란, '내가 좋아하고 잘하는 일을 하며 행복하게 사는 것이다' 또는 '의미 있고 가치 있는 일을 하며 사는 것이다' 등 이런 식으로 자기만의 성공에 관한 조작적 정의를 내리면 되는 것이죠.

이 책도 세상이 정해놓은 틀을 넘어서기 위해 시작이 되었습니다. 자기답게, 행복하게 살고 싶은 청년들이 뜻을 모아 최대한 우리들의 삶의 이야기를 군더더기 없이 솔직담백하게 기록하였고, 동시대를 살아가고 있으며, 우리와 비슷한 고민을 안고 있는 또래 청년과 청소년들에게 조금이나마 도움이 되었으면 하는 마음입니다.

감
사
의
글

인생에 정답은 없습니다. 그러니 세상의 소리 보다, 내 마음의 소리에 귀를 기울여 진짜 내가 원하는 삶이 무엇인지, 앞으로 나는 어떤 삶을 살고 싶은지, 여러분 인생을 여러분 스스로 잘 그려갈 수 있도록 이 책이 여러분 삶의 이정표가 되어 조그마한 도움이 되었으면 좋겠습니다.

우리는 책이 가진 힘을 믿습니다. 고등학교 1학년 때, 책 한 권을 통해 인생이 바뀐 저자의 사례처럼, 이 책이 또 다른 '한 사람'의 삶에 작은 영향을 끼칠 수 있길 간절히 소망해봅니다.

끝으로, 책을 집필하면서 감사한 분들에게 이 지면을 빌려 감사의 말씀을 전합니다. 먼저, 자기다움과 탁월함, 선한 영향력을 추구하는 청년자기다움학교에서 공부하는 동안 훌륭한 학문성과 인격을 지닌 코치님들을 통하여 가르침을 받도록 인도하신 하나님께 감사드립니다. 바쁘고 분주한 삶 속에서도 하나님과 함께 호흡하고 동행하며, 그동안 저희의 모든 삶이 전부 다 하나님의 은혜였음을 고백하게 하시니 감사드립니다.

특별히 2014년부터 청년들의 아픔, 상처, 눈물, 고통에 진심으로 공감하고, 청년들을 위한 귀한 믿음의 공동체를 세워주시고 그것을 지

켜오신 이주열 대표코치님, 그분의 따뜻한 사랑과 은혜의 보살핌을
잊지 못할 것입니다. 또 끊임없는 관심과 자상한 가르침으로 신앙의
길에서 인도해주신 이승제 지도목사님, 생각의 힘과 훌륭한 일상 그
리고 탁월함을 가르쳐주신 유훈 코치님, 하나님을 믿는 모든 사람은
창의적인 사람이고, '창의성은 회복하는 것이다'라는 것을 말씀으로
일깨워주신 박재은 코치님께 감사를 드립니다.

청년자기다움학교 공동체에서 만난 여러 멘토님들, 청년의 때에 소
중한 추억들을 함께 나누어가진 모든 선후배와 보배님께 감사와 사
랑을 드립니다.

이 졸고가 출판되기까지 많은 감사의 손길이 있었습니다. 지금까지
사랑으로 지켜봐 주시는 가족에게 깊은 사랑을 보냅니다. 무엇보다
도 다음세대를 위해 아낌없이 지원해주고, 기도해주시는 담임 목사
님과 교우님들께 감사드립니다. 또한, 20대 저자를 발굴하여 출판
의 길을 열어주는 글샘출판사의 관계자분들에게도 깊은 감사를 드
립니다.

코로나 위기를 끝내는 새해를 맞이하여

박수빈 · 박예은 · 최보미

3장 나를 찾아가는 여정

"무명한 자 같으나 유명한 자요 죽은 자 같으나 보라

우리가 살아있고 징계를 받는 자 같으나 죽임을 당하지 아니하고

근심하는 자 같으나 항상 기뻐하고

가난한 자 같으나 많은 사람을 부요하게 하고

아무 것도 없는 자 같으나 모든 것을 가진 자로다"

(고후 6:9-10)

PART 1

걱정이 가득했던 청년,
박수빈

감사컨설턴트 **박수빈** 이야기

잃어버리고 나서야 소중한 걸 알게 된다

어느 날, 소중한 사람이 내게 준 선물을 잃어버렸다. 그 귀한 선물을 잃어버리니……, 온종일 그 선물 생각만 났다. 평소엔 있어도 그만, 없어도 그만인 것인데 막상 잃어버리니 머릿속은 온통 그 물건 생각뿐이다. 바보같이. 그 물건을 왜 잃어버렸을까. 종일 자책해보지만 이미 엎질러진 물이다. 다시 찾을 수도 없다. 똑같은 물건을 다시 사볼까 생각도 해보지만, 그때 그 사람이 준 그 감동까지 그대로 다 품을 수는 없을 것 같다.

물건 하나가 이렇게 사람 속을 애태울 수 있다는 것을 그 선물을 잃어버리고 나서 깨닫게 되었다. 왜 소중한 것을 가지고 있을 때는 그 소중함을 알지 못하는 걸까?

불현듯 깨달음이 찾아왔다. 어느 순간부터 나는 무언가를 계속해서 찾고 있었다. 그것은 그동안 잃어버렸던 나의 '자기다움'이었다. 소중한 내 인생, 하나밖에 없는 내 인생이 아닌가. 돌아보니 안타깝게도 내 인생이 아닌 타인의 인생을 살고 있다는 생각이 들었다. '대학 가야지?', '취업해야지?', '결혼해야지?', '애 낳아 잘 길러야지?' 인생에 정해진 길이라도 있는 것 마냥, 나는 그렇게 세상의 소리에 세뇌당하여 소중한 하루하루를 허비하고 있었다. 바보같이. 왜 그렇게 살았을까.

나의 잃어버린 자기다움을 찾고 싶다. 스티브 잡스가 얘기했던 것처럼 타인의 삶을 사느라 시간을 낭비하는 것이 아닌 '진짜 나만의 삶'을 살고 싶다. 한 번뿐인 인생인데 타인의 인생을 살듯이 살다 죽고 싶진 않다. 내가 좋아하고 잘하는 일은 무엇인가. 도대체 나다운 일, 나다운 것은 무엇일까. 그동안 내 주위엔 좋아하는 것과 잘하는 일을 동시에 하면서 사는 사람은 없다. 내가 이 세상에 왜 존재하는 지도 모른 채, 그저 남들 하는 대로 공부만 하며 살았던 것 같다. 그렇다고 공부를 잘하는 것도 아닌데 공부가 내 인생에 마치 정답인 듯 공부만 하며 살았다. 나는 왜 공부를 하는 걸까? 잘 먹고 잘살기 위해서? 성공하기 위해서? 행복하기 위해서? 도대체 왜 공부를 하는 걸까. 그 이유를 도무지 알 수가 없었다. 공부하는 이유를 찾기 위해서라도 내가 좋아하고 잘하는 일을 찾아야만 했다.

"생각하는 대로 살지 않으면, 사는 대로 생각하게 된다." - 폴 발레리

폴 발레리의 말처럼 사는 대로 생각하지 않고, 생각하는 대로 살기 위해 오늘도 어떻게 하면 나답게, 행복하게 살 수 있는지 치열하게 고민하고, 생각하고 있는 분들에게 이 책이 조금이나마 도움이 되었으면 좋겠다.

나답게, 행복하게 살고 싶어

01 / 책 한권이 바꾼 내 인생

"넌, 도대체 커서 뭐가 되려고 그러니?"

전교 꼴찌, 반 꼴찌에 아무런 답도, 희망도 없던 나였다. 공부를 지지리도 못해서 모두가 나를 포기한 줄로만 알았다. 그러다가, 우연히 고등학교 1학년 때 한 선생님으로부터 「지도 밖으로 행군하라」라는 책 선물을 받았다. 한비야의 책이 내 인생을 그렇게 바꾸게 될 줄이야. 일 년에 책 한 권조차 읽지 않던 내가 왜 그 책을 받자마자 '정독'했는지는 지금도 이해가 되지 않지만, 한 가지 분명한 사실은 그 책을 통해 내 인생이 송두리째 바뀌었다는 사실이다.

책에는 이런 내용이 나온다. "전 세계 70억 인구가 다 먹고도 충분히 남는 식량이 있는 데도 5초에 한 명씩 지구 반대편에서 사람이 굶어 죽고 있다"라고. 무엇보다도 충격적이었던 사실은 우리나라 돈, 단돈 1천 원이 없어서 수많은 사람이 굶주림으로 죽거나 고통

받고 있다는 사실이었다. 우리나라에서 1천 원이면 과자 한 봉지 가격에 불과한데⋯⋯. 이 돈이 없어서 사람이 죽는다는 것이었다.

부끄럽지만 솔직히 고백하건대, 이 책을 읽기 전까지만 해도 나는 이 세상에서 내가 전혀 '쓸모없는(Useless)' 사람인 줄 알았다. 그도 그럴 것이 세상이 정해놓은 '공부를 잘해야만 성공한 삶을 살 수 있다'라는 프레임 안에서 나는 그다지 공부에 뛰어난 재능을 보이지 못했고, 공부를 못하는 나는 나의 존재 자체를 쓸모없는 것으로 인식하게 되었기 때문이다. 그러나 그 책을 읽고 나서부터는 '내가 이 세상 어딘가에 '쓸모 있는(Useful)' 사람이 될 수 있겠구나, 어려움에 처한 사람들을 도울 수 있겠구나'라는 생각이 들었다. 왜냐하면 적어도 나는 '당장의 끼니 걱정'을 하지 않아도 되었기 때문이다. 내 한 끼 식사라도 굶주림으로 고통 받고 있는 사람들에게 나눠줄 수 있다면 그것만으로도 나름 쓸모 있는 역할을 하는 것이라고 생각했다. 그때부터였던가? 나는 아프리카의 죽어가는 아이들을 살리는 '국제구호활동가'가 되겠다는 꿈(Vision)을 품게 되었다.

나답게, 행복하게 살고 싶어

02 / 그저 공부만 하며 사는 게 정답은 아니다

명문대에 가면 행복할까? 대기업에 가면 행복할까? 명문대·대기업에 가지 못한 사람은 그렇다면 불행할까? 마이크로소프트(Microsoft) 창업자인 빌 게이츠는 하버드대학교를 중퇴했고, 페이스북(Facebook) 창업자인 마크 저커버그도 하버드대학교를 중퇴했다. 대체 왜 이들은 성공이 보장된 명문대를 중퇴했을까? 첫째는 그들에게 '왜 살아야 하는지'에 관한 '명확한 사명(Mission)'이 있었기 때문이었을 것이다. 둘째는 명확한 사명을 달성하기 위한 흔들리지 않는 '확고한 비전(Vision)' 때문이라 생각한다. 빌 게이츠는 '개인의 컴퓨터를 전 세계 가정에(A personal computer on every desk in every home)' 보급하겠다는 꿈이 있었고, 마크 저커버그도 '세상을 더 가깝게(Bring the world closer together)' 만들고자 하는 꿈이 있었다. 이처럼 명확한 사명을 가지고 인생을 살아간 사람들은 뭔가가 달랐다. 이들은 '세상이 정해놓은 길', '세상이 바라는 길'을 걸은 게 아니었다. 세상에 없는 '아무도 가지 않은 길'을 걸었고, 그 길을 스스로 개척해나가며 자기답게 걸어갔다.

선한 영향력을 끼치며 사는 사람들은 대부분 자기가 좋아하고 잘하는 일을 하면서 살아간다. 그런데 우리 인생은 대부분 '진로-진학-취업'이라는 사이클 안에서 움직인다. 이 사이클 안에선 내가 무엇을 좋아하는지, 무엇을 잘하는지 생각하고 고민할 시간이 전혀 없다. 고등학교 때는 대학교를 가기 위해 공부해야 했고, 대학교 때는 취업을 하기 위해 공부해야 했다. 취업 이후엔 잘 먹고 잘 살기 위해 공부해야 했다. 이 사이클을 조금이라도 벗어나 좋아하고 잘하는 일을 찾으려고 시도한다면 이 사이클에 길들여진 수많은 사람에게서 이런 소리를 듣는다.

"쓸데없는 소리 하지 말고, 공부나 해!"

그때는 그렇게 공부만 하며 사는 게 정답인 줄 알았다. 공부할 시간에 좋아하고 잘하는 일을 찾겠다고 하면 내가 마치 '오답'을 선택한 것 마냥 훈계하는 사람들 때문에 한마디 못 하고 공부만 했다. 도대체 왜 공부해야 하는지, 도무지 이유를 알 수 없는 공부를 하니 성적이 오를 리 없다. 공부가 정말 나에게 맞지 않았다. 내 삶은 공부가 정답이 아닌데 공부가 내 삶의 정답이라고 강요하는 삶을 살아가려니 참 힘들었다.

"대학 가면 하고 싶은 거 다 해도 돼!"

그 말을 정말 곧이곧대로 믿었다. 내가 하고 싶은 걸 다 하기 위해 대학에 가고 싶어졌다. 그렇게 내가 진짜 하고 싶은 걸 찾기 위해

나답게, 행복하게 살고 싶어

열심히 공부했다. 그런데 웃긴 일이 벌어졌다. 수시 때가 되어 대학 전공을 선택해야 했다. 내가 무엇을 좋아하고 잘하는지도 모르는데, 어떻게 전공을 선택하란 말인가. 대학교에 가서만큼은 내가 하고 싶은 것을 하고 싶었기에 성적에 맞춰서 전공을 선택하는 것은 정말 싫었다. 어쩔 수 없이 '자유전공학과'로 전공을 결정했다. 자유전공학과란, 학과명에서도 알 수 있듯이 내가 무엇을 좋아하고 잘하는지 모르니, 대학교에 가서 1년 동안 자유롭게 공부한 뒤 2학년부터 전공을 정하는 학과이다.

03 / 후회 없는 대학 생활을 보내는 방법

우여곡절 끝에 대학교에 들어가게 되었다. 그렇게 나는 대학교에 왔으니 정말 내가 하고 싶은 걸 다 해도 되는 줄 알았다. 그런데 대학 입학의 흥분이 채 가시기도 전에 중간고사가 찾아왔다. 몇몇 친구들은 "대학에 왔으니 나 하고 싶은 거 다 하면서 살 거야"라며 공부와는 완전히 담을 쌓고 지냈다. 그런데 그들이 말하는 '나 하고 싶은 거'란 유흥을 즐기는 일이었다. 나는 내가 좋아하고 잘하는 일을 찾고 싶었지, 유흥을 즐기는 데 시간을 쓰고 싶지 않았다. 도대체 어떻게 하면 내가 좋아하고 잘하는 일을 찾을 수 있을까?

선배들과 지도 교수님에게 한참 묻고 다녔다. "어떻게 하면 좋아하고 잘하는 일을 찾을 수 있어요?"라고.

마음씨 따뜻한 선배들은 좋아하고 잘하는 일을 찾는 것 대신에 자기들이 대학 생활을 하면서 하지 못해 후회했던 것들을 하나둘씩 얘기해줬다. 예를 들면, 해외여행, 연애, 알바, 학점관리, 동아리 활동, 전공자격증 취득, 다이어트, 휴학, 대외활동, 어학연수, 워킹홀리데이 등

"지금이라도 하면 되는 거 아니에요?"라고 물어봤더니 3·4학년 때는 취업 준비 때문에 시간이 없어서 못한다고 했다. 선배들의 충고를 가슴에 새겨 1학년 때부터 후회하지 않을 대학생활을 위해, 내가 진정 좋아하고 잘하는 일이 무엇인지 찾기 위해 다양한

〈대학생 각 학년 별 이상적인 스펙 쌓기(1~4학년 총망라)〉

1학년	방학을 이용한 다양한 대외활동
	전공, 영어, 동아리, 대외활동, 알바, 독서
2학년	학점관리, 공모전, 교환학생 또는 배낭여행 도전
	전공, 영어, 자격증, 제2외국어, 공모전, 해외 봉사활동, 동아리, 배낭여행
3학년	어느 분야로 취업을 희망할지에 대한 목표 수립
	전공, 영어, 제2외국어, 인턴, 자격증, 동아리, 공모전
4학년	목표 기업을 정하고, 취업 준비
	전공, 영어, 제2외국어, 자격증, 인턴, 동아리, 공모전

활동들을 하기 시작했다. 학생회활동, 편의점 야간 알바, 10여 개가 넘는 대외활동, 선교단체 동아리활동 등 "넌 왜 그렇게 피곤하게 사니?"라는 소리를 가족과 친구들에게 들을 정도로 1학년 때부터 정말 치열하게 살았다.

고등학교 다닐 때 지긋지긋하게 책상에 앉아서 공부했으니 대학교에 와서 만큼은 단순히 책상에 앉아서 공부하는 것 말고 현장에서 사람들과 부대끼며 배울 수 있는 공부를 하고 싶었다. 종교적인 이유로 술은 못(안) 하지만, 그렇다고 해서 마냥 술자리를 피하고 싶지는 않았다. 대학교 내 웬만한 모든 친목회는 '술자리'에서 이뤄졌기 때문이다. 어떻게 하면 술을 하지 않으면서도 술자리 분위기를 주도할 수 있는 '인싸(인사이더(Insider)의 줄임말로 각종 행사나 모임에 적극적으로 참여하면서 사람들과 잘 어울려 지내는 사람)가 될 수 있을까?'를 고민하다가 일 많기로 유명한 '학생회'에 들어가게 되었다. 술을 하지 않으면서도 술자리에 참석하여 흥을 돋우는 일이란 정말 쉽지 않은 일이었다. 끝까지 술자리에 남아 술에 취한 동기들을 챙기고, 모든 뒷정리를 맨 정신으로 멀쩡하게 남아 있는 학생들이 다 했기 때문이다.

학생회 활동을 하면서 공동체의 중요성도 느끼고, 팀워크의 중요성도 느꼈다. 좋은 경험을 많이 했지만, 이것으로는 2% 부족했다. 아니, 정확히 말하면 이게 내가 좋아하고 잘하는 일은 아니었다.

이건 나뿐만 아니라 누구라도 할 수 있는 일이었다. 그 누구도 대체할 수 없는 오로지 나만이 잘할 수 있는 일을 찾고 싶었다.

04 / 되면 한다? 하면 된다! 작은 성공 경험의 중요성

그렇게 다시 한 번, 대학생활 가운데 내가 진짜 좋아하고 잘하는 일을 찾기 위해 미친 듯이 도전하고 몸소 부딪혔다. 간절히 찾고 구하는 자에게 만나주시고 응답해주신다고 했던가? 1학년이 되자마자 챙겨보던 '대학생을 위한 주간지 대학내일'에서 '대한적십자사 대학생 헌혈서포터즈'라는 모집 공고문을 보게 되었다. 학교라는 우물 안을 벗어날 수 있는 절호의 기회라는 생각이 들었고, 할까 말까 고민할 새도 없이 지원서부터 작성하고 있었다.

1차 서류합격부터, 2차 면접합격까지 아무런 스펙도 없었던 내가 대학생활의 꽃이라고 불리는 서포터즈 대외활동 합격에 이르기까지 일사천리로 일이 진행되니 참 신기했다. '하면 되는 구나…….' 합격 과정을 지켜보면서 참 신기했다. 화려한 스펙으로 무장한 지원자들을 제치고 오직 '패기' 하나밖에 없는 내가 합격을 하다니! 그 이유는 아직도 알 수가 없지만, 분명한 것은 그 작은 성공 경험

나답게, 행복하게 살고 싶어

이 발판이 되어 추후 실패 강박증 없이 새로운 일에 도전할 수 있는 자신감과 용기를 얻게 되었다는 것이다. '되면 한다'가 아니라 '하면 된다'라는 인생의 중요한 교훈을 얻은 건 덤이었다.

그렇게 시작된 대한적십자사 대학생 헌혈서포터즈 대외활동. 전국 각지에서 모인 대학생 형, 누나들과 함께 장장 7개월간의 긴 여정이 본격적으로 시작되었다. 헌혈에 대한 부정적 인식(오해)을 개선하는 프로젝트였는데 정말 재미있었다. 이렇게 좋은 프로그램을 나만 알고 있어도 되는 건가? 내 또래 친구들이 이 좋은 활동을 모르고 있다는 사실이 참 안타까웠다.

05 , 자기주도성이 변화를 이끌어 낸다

고등학생과 대학생의 가장 큰 차이점은 바로 '자기주도성'이다. 자기주도성이란 자신의 삶에 대해 스스로 책임을 지고 모든 행동은 자신의 의사에 따라 결정을 내리는 것이다. 고등학생 때는 교내 모든 일정을 담임선생님께서 관리해주셔서 '양질의 정보'에 대한 갈급함이 하나도 없었다. 대학생이 되고 나서는 모든 정보습득과 일정들을 내가 다 관리해야만 했다. 처음에는 그게 정말 어려웠다. 그중에서도 특히 '양질의 정보'를 습득하는 데 있어서 어려움이 정말 많았다. 왜냐하면, 그동안 담임선생님께서 주는 정보만 수동적으로 받아들였지, 능동적으로 양질의 정보를 습득하고 일정 관리를 해본 적이 없었기 때문이다. 그리고 이 일정 관리라는 것이 본인 하기 나름이기에 정해진 답이 없어서 더 어렵다.

더 이상 하고 싶지 않은 공부를 억지로 하면서 인생을 허비하고 싶진 않았다. 대충 살고 싶으면 일정 관리를 아예 안 하면 되는데, 적어도 나는 인생을 결코 대충 살고 싶지는 않았기 때문이다. 한 번뿐인 내 인생인데 내가 좋아하고 잘하는 일을 하며 제대로 '살아내고' 싶었다.

그때부터였을까? 일정 관리의 중요성을 깨닫자마자 나는 나의 모든 일정들을 '기록'하기 시작했다. 하나둘씩 기록하기 시작하면서 내가 어디에 에너지를 쏟고 집중해야 하는지를 정리해나가기 시작했다.

헌혈서포터즈를 통해 학교라는 우물 안을 벗어나 '학교 밖 양질의 정보를 습득하는 것에 대한 중요성'을 몸소 깨닫게 되고, 어떻게 하면 양질의 정보를 얻을 수 있을지 고민하기 시작했다. '스펙업', '아웃캠퍼스', '독취사(독하게 취업하는 사람들)' 등 취업 관련 커뮤니티 사이트를 통해 자기답게 커리어를 빌드업 해나가고 있는 전국의 수많은 대학생들의 이야기를 보고, 듣게 되었다. 대외활동하기

나답게, 행복하게 살고 싶어

를 정말 좋아해서 한 학기에만 무려 10개 이상 하는 사람(동시에 학점관리도 잘해서 그때 당시 학점이 4점대 이상을 유지했다고 한다), 대학 4년 동안 자격증만 20개 이상을 딴 사람, 세계 일주 또는 아프리카 종단여행을 하며 그 여행기를 글로 기록해 책으로 출판한 사람, 아예 회사를 차려버린 사람까지……. 정말 세상은 넓고, 뛰어난 사람들이 엄청나게 많다는 것을 새삼 깨닫게 되었다.

세상이 정해놓은 틀에 맞춰 사는 것이 아닌 자기만의 길을 탁월하게 개척해나가는 사람들의 이야기를 보고 들으면서 정말 큰 동기부여가 되었다. '저들처럼 나도 내 가슴에 뛰는 일을 하며 살고 싶다!'라고 마음을 먹기 시작하니 갑자기 설레기 시작했다.

06 / 인생을 바꾸는 세 가지 방법

인생을 바꾸는 방법에는 세 가지가 있다고 한다.

첫째, 새로운 사람을 사귀는 것
둘째, 시간을 달리 쓰는 것
셋째, 사는 곳을 바꾸는 것

내는 좋아하는 분야의 잘 할 수 있는 일을 찾기 위해 우여곡절 끝에 대학교에 입학했다. 한 학기가 지나고 보니까 대학교라는 곳은 교복만 안 입었을 뿐이지 고등학교와 다른 것이 없었다. 고등학교가 대학을 가기 위해 공부하는 곳이라면 대학교는 취업을 위해 공부하는 곳 같았다. 고등학교 때부터 꿈꿔오던 캠퍼스의 낭만은 이미 사라지고 없었다. 경기 침체에 따른 최악의 청년 실업난이 장기화되고 있기 때문이었다. 오죽했으면 대학 1학년 새내기들이 입학하자마자 제일 먼저 찾는 곳이 '취업진로지원처'라고 할까……. 안타까움을 금할 수 없었다.

내게 있어서 공부는 고문이나 다름없었다. 행복을 추구하기에도 짧은 인생인데 왜 내가 하기 싫은 공부를 억지로 하면서 인생을 보내야 하는 건가. 납득이 되지 않았다. 정말 끔찍했다. 좋아하는 일을 찾기 위해 공부를 '해야만 한다'라면 적어도 그 이유만이라도 자세히 알고 싶었다. 그나마 다행이었던 건, 고등학생 때는 대학교에 가야 한다는 이유(왜 고등학생이 대학교에 가야만 되는지는 지금도 그 이유를 잘 모르겠다)로 졸업할 때까지 공부를 계속해야 했지만, 대학생 때는 공부를 하고, 안 하고의 모든 책임이 전적으로 내게 달려있다는 것이었다.

대학 1년을 무사히 마치고 겨울 방학이 되었을 때 곰곰이 생각했다. '고등학교의 연장선과 다를 바 없는 이런 생활을 졸업할 때까

나답게, 행복하게 살고 싶어

지 앞으로 최소 3년은 더 반복해야 할 것이다. 그렇게 다람쥐 쳇바퀴 굴러가듯이 살면 훗날 내가 이대로 대학을 졸업하였을 때 나는 정말 후회하지 않을 자신이 있을까?' 스스로에게 질문을 던졌지만 쉽게 답을 내리진 못했다. 이대로 교복만 벗은 고등학생 4학년처럼 대학생활을 했다간 평생 후회할 것만 같은 불길한 예감이 들었다. 스스로 변화될 수 없다면, 환경을 변화시켜야만 했다. 고민할 겨를도 없이 2013년 2월 12일 군(軍) 입대를 신청했고, 그렇게 시간은 눈 깜짝할 새 흘러 논산 육군훈련소를 수료하는 날이 되었다.

군 입대에 따른 '기회비용'이 없었다면 거짓말이겠지만, 적어도 난 군대에서만큼은 내가 상상했던 것보다 훨씬 더 많은 것들을 얻을 수 있었다.

07 / 적자생존, 적는 자만이 살아남는다!

이상하게 들릴 수도 있겠지만, 개인적으로 난 대한민국 남자라면 피할 수 없거나 누구나 겪어야만 하는 군 생활(그중에서도 육군)을 하루라도 빨리 경험하고 싶었다. 그도 그럴 것이 1학년 때만해도 복학생 선배들이 군대에서 생긴 '썰(이야기)'들을 풀어줄 때면 정말 재미있었고, 제대한 사람들끼리 말로 표현할 수 없는 '전우애'로 똘똘 뭉친(!) 모습이 보기 좋았기 때문이다. 그렇게 나도 그들만이 느끼는 '연대의식'과 그들만이 '공감'하는 대화에 끼고 싶은 마음이 커져만 갔다.

그리고 그렇게 기다리고 기다리던(?) 군 생활이 마침내 시작되었다. 나만의 Comfort Zone을 벗어나고자 환경의 변화를 추구하며, 복학생 선배들이 자랑스레 얘기하는 '군대 썰'에 하루라도 빨리 공감하고 싶어 군대에 왔는데 현실은 내가 생각했던 것과는 너무나도 달랐다. 그때 당시의 솔직한 심정으로는 막상 입대하고 보니까 '다시 집으로 돌아가고 싶다'라는 생각밖에 없었다. 그러나 이미 엎질러진 물이었다. 내 선택을 돌이킬 수 없다는 사실을 깨닫자마자 그때부터 어떻게 하면 군대에서의 시간(21개월)을 알차게 보낼 수 있을까를 고민하기 시작했다. 그래서 선택한 것이 군 생활을 관찰하고 기록하는 것이었다. 매 순간 순간 치열하게 군대에서의 일과를 기록하기 시작했다. 군대에서 생긴 수많은 사건 사고들, 그리고 그때 느낀 감정들을 기록해나갔다.

겪어보기 전에는 전혀 몰랐다. 신나게 '군대 썰'을 풀어대던 복학생 선배들도 내가 군대에 관해 물어볼 때면 "가면 다 알게 돼"라며 말을 잘랐다. 그래도 군대라는 미지의 세계가 너무 두려워서 계속 물어보면 "그냥 다 알게 된다니까"라며 자세한 답변을 피하기만 했다. 무슨

나답게, 행복하게 살고 싶어

이유에서 답을 회피하는지 그때는 잘 알지 못했지만 막상 내가 직접 군대에 와보니깐 알 수 있었다. 선배들이 "가면 다 알게 돼"라고 얘기했던 대로 군에 입대하고 나니까 눈치껏 '그냥 다 알게' 되었다.

예를 들면, 병사의 최고 낮은 계급인 이등병 작대기 하나도 신병 훈련 기간을 무려 '5주'나 거쳐야 얻을 수 있다는 사실을 입대 전에는 전혀 알지 못했었다. 몸소 겪고 보니까 이 작대기 하나가 얼마나 귀한 것인지를 그제야 깨닫게 되었다. 선배들 입장에서도 어차피 가면 다 겪게 될 일인데 이게 뭐 그리 대단한 일이라고 구구절절이 후배에게 설명하는 것도 골치 아팠을 게다.

그런데 한편으론 이런 생각도 들었다. 군 입대 전, '군 생활에 대한 두려움과 막연함을 해소할 수 있는 정보들을 잘 기록해서 나와 같은 고민을 하고 있을 후배들에게 전달하면 어떨까?', '후배들에게서 더 나아가 미래의 내 아들에게 아빠의 군 생활 이야기를 잘 정리해 들려주면 어떨까?' 라는 생각을 해봤다. 그때부터 5주 동안 나의 훈련병 시절을 하루도 거르지 않고 빼곡히 기록하기 시작했다. 그때의 일기를 보면 가족의 소중함, 집의 안락함, 집밥의 따스함 등 내겐 너무나 당연해서 '감사'할 이유를 찾지 못한 것들이 눈물 자국과 함께 가득 적혀져 있다. "군 제대 후엔 익숙함에 속아 소중함을 잊지 말자!"라는 굳은 다짐과 함께.

08 / 감사하며 살기로 다짐하다

대한민국 남자라면 군대는 누구나 가야 하는 결코 피할 수 없는 길이다. 피할 수 없으면 즐기라고 했던가? 군대를 어쩔 수 없이 가야만 한다면 나는 그 시간을 어떻게든 즐겨보려고 했다. 하지만 정말 쉽지 않았다. 전국 각지에서 다양한 성향의 사람들을 한곳에 모아놓고 24시간 같이 생활하게 하니까 미칠 것만 같았다. 뉴스에서 군부대 사건사고 소식이 들릴 때면 결코 남의 이야기 같지 않았다.

어떻게 하면 군대에서의 시간을 알차고 보람차게 보낼 수 있을까? 몇 날 며칠을 고민하는 중에 때마침 부대에서 '1·5·3 감사운동'이 시작되었다. 1·5·3 감사운동이란, 한 달 1권 독서하기, 하루 5가지 감사하기, 일주일 3가지 선행하기 운동이다. 감사운동이 시작된 뒤로 저녁 점호시간이 바뀌었다. 매일 저녁 점호시간마다 1·5·3감사운동을 했는지, 안 했는지 생활관 고참병이 검사를 했다. 하루 5가지 감사일기를 작성하지 않으면 벌점을 받거나 얼

차려를 받았다. 그래서 처음엔 혼나기 싫어 억지로 썼다.

감사일기를 쓰는 건 정말 고역이었다. "아니, 감사할 게 있어야 감
사일기를 쓰지. 감사할 것도 없는데 어떻게 감사일기를 쓰라는 거
야?", "나라를 지키느라 고생하는 군인들에게 감사일기 숙제까지
시키다니!" 등 볼멘소리가 절로 나왔다. 그러나 군대의 상명하복
시스템내에선 어쩔 수가 없었다. 그렇게 억지로 쓰기 시작한 지
하루, 이틀이 지나고 삼일 째 되던 날이었다. 저녁 점호시간에 감
사일기를 쓰는데 한 치의 고민도 없이 오늘 감사했던 일들을 술술
작성하는 나를 보게 되었다.

박수빈 감사일기
1) 오늘 아침 6:30 정각에 깨워준 기상방송에 감사합니다.
2) 아침 점호 후, 운동을 통해 체력을 단련할 수 있어서 감사합니다.
3) 맛있는 아침밥을 준비해준 취사병들에게 감사합니다.
4) 건강한 몸으로 근무를 나갈 수 있음에 감사합니다.
5) 따뜻한 물로 샤워를 하며 하루를 마무리할 수 있음에 감사합니다.

혼나기 싫어서 억지로 겨우 감사할 것들을 찾아내기 시작한 지 3
일 만에 이젠 5분도 안 되어서 5가지 감사를 작성하게 된 것이다.
작성하고 보니 나도 놀랐다. '하루에 감사할 거리들이 정말 많이

있구나' 5가지가 아니라 10가지도 더 쓸 수 있을 것 같았다. 그리고 그렇게 쓰고 보니까 '내 주위에 나를 위해 수고해주는 손길들이 정말 많이 있구나'라는 것을 새삼 깨달을 수 있었다. '이렇게 챙겨질 정도로 나는 소중하고 존귀한 존재구나', '나는 사랑받는 존재구나'라는 것을 새삼 알게 되었다. 글로 적고 보니까 더 새롭다. 어리바리해서 자주 혼나던 이등병 박수빈이었다. 감사일기로 무너진 자존감을 점차 회복하기 시작하며, 감사의 힘을 깨닫게 되었고, 그때부터 평생 감사를 실천하겠다고 다짐하게 되었다.

09 / 감사가 메마른 세상에서 감사가 넘치는 세상을 꿈꾸다

정말 신기했다. 불평·불만을 입에 달고 살던 내가 감사하며 살기로 작정한 순간부터 내 주위에 감사 거리가 가득 보이기 시작했다. 두 팔, 두 다리 쭉 뻗고 잘 수 있도록 야밤에 경계근무를 서준 동료에게 감사, 입대 전에는 운동하는 것을 너무나도 싫어했었는데 군 입대 후에는 아침점호 때마다 하는 뜀걸음과 팔굽혀펴기, 윗몸일으키기 등을 통해 체력이 좋아지고 있었다. 몸에 근육이 멋지게 붙는 모습을 보면서 운동을 좋아하게 되었다. 감사운동을 통해 스트레스를 관리하며 자존감을 높일 수 있어서 감사 생활 이전

나답게, 행복하게 살고 싶어

에 불평·불만하던 박수빈이 맞나 싶을 정도로 온통 감사한 것들만 보이기 시작했다.

심리학 실험 중에 'Invisible Gorilla(보이지 않는 고릴라)'라는 실험이 있다. 실험 참가자들은 흰색 셔츠를 입은 선수들이 공을 몇 번 주고받는지 세어보라는 말을 듣는다. 참가자 절반은 패스 횟수에만 집중하다가 경기장을 가로질러 가는 고릴라를 보지 못했다.

이처럼 사람들은 그들의 관심사에 집중하는 정도가 서로 다르다. 내가 평생감사를 다짐하기 전에는 나의 시선이 '불평·불만'에 맞춰져 있었기 때문에 내 주위에서 일어나는 모든 일들이 다 불평·불만거리로밖에 보이지 않았다. 그러나 지금은 평생감사를 다짐하며 나의 시선을 '감사'로 맞추고 난 후에는 정말 신기하게도 똑같은 조건과 상황임에도 불구하고 불평·불만은 온데간데없고 감사한 것들만 보이기 시작했다.

'감사'에는 정말 놀라운 힘이 있다. 무엇보다도 험난하기만 했던 군 생활이 감사로 인해 정말 즐거워지기 시작한 것이 가장 큰 변화였다. 부끄럽지만 솔직히 고백하자면, 감사를 실천하기 전까지만 해도 나의 군 생활은 굉장히 '수동적'이었다. 더도 말고, 덜도 말고, 남들 하는 만큼만 하면서 눈에 띄지 않게 조용히 21개월을 보내려고 했었다.

그러나 감사를 실천한 후로부터는 '수동적'인 군 생활이 '능동적'이
고 '적극적'으로 바뀌기 시작했다. '오늘은 어떤 감사한 일이 나를
또 기다리고 있을까?' 매일 아침 눈 뜨는 게 정말 기다려졌다. 그
것도 사회가 아니라 군대에서 말이다! 감사를 통해 선임병과의 관
계가 회복되고, 하루도 거르지 않고 감사한 일들을 적다 보니 중
대장님으로부터 포상 휴가도 받게 되고, 이 소식이 대대장님에게
도 전해지게 되어 존경하는 대대장님과 따로 식사도 하며 대대장
님의 인생 이야기를 들을 기회도 얻었다. 이 모든 것이 감사로 시
선을 맞추고 난 후 생긴 변화들이었다.

그러니 나는 더욱 더 감사할 수밖에 없었다. 시선을 불평 · 불만에
서 감사로 옮겼을 뿐인데 이전에는 전혀 누리지 못했던 축복들이
나에게 저절로 찾아왔다. 내가 한 건, 고작 '감사합니다'이 한마디
했을 뿐인데 말이다. 내가 군대에서 '감사의 힘'을 깨닫고 온통 부
정적이기만 했던 내 인생의 극적인 변화가 생긴 것처럼 이 '감사의
힘'을 나의 소중한 사람들에게도 꼭 나눠주고 싶다는 마음이 생겼
다. 마치, 우연히 알게 된 음식점에서 맛있는 음식을 먹게 되면 가
장 소중한 사람과 다시 한 번 방문하고 싶은 것처럼 말이다.

　　　　　　　　　　　　　　　　　나답게, 행복하게 살고 싶어

그러던 어느 날이었다. '일상에서 어떻게 하면 이 감사의 힘을 전할 수 있을까?'를 고민하는 와중에 휴가를 나가 어떤 모임에 참여하게 되었다. 거기서 자기를 소개하는 시간이 있었는데, 사람들은 마치 대답이 정해져 있는 것처럼 똑같이 자기소개를 해댔다.

"안녕하세요. XXX회사(학교)에 다니고 있는 OOO입니다. 만나서 반갑습니다. 잘 부탁드립니다."

한 두 사람까지는 소속과 이름을 외울 수 있었다. 그런데 그 수가 10명을 넘어가기 시작하니 외우기를 포기하고, 그냥 형식적으로 인사하는 걸 계속 듣고만 있다가 문득 이런 생각이 들었다. '왜 다들 본인 소속과 이름으로 자기를 소개하는 걸까?' 자기를 소개할 때마다 내가 ~에 소속되어있다고 이야기하는 게 굉장히 듣기 불편했다. 그 사람이 속한 조직이 마치 그 사람인 것 마냥 표현되는 것 같았기 때문이다.

소속이 아닌 다른 방법으로 나를 소개하고 싶었다. '옷깃만 스쳐도 인연'이라고 하는데, 기왕이면 사람들이 '아, 박수빈이란 사람은 이런 사람이구나!' 하고 한 번 들으면 누구라도 기억 할 수 있는 자기소개를 하고 싶었다. 내가 어떤 가치를 가지고 사는 사람인지 자기소개 한 문장에 담기로 했다. 깊은 고뇌와 숙고 끝에 나오게 된 나의 자기소개 멘트는 바로 이것이다.

"안녕하세요. 감사가 메마른 세상에 감사가 넘치는 세상을 꿈꾸는 감사청년, 박수빈입니다."

지금 당장 주위를 둘러보면 우리는 가진 게 너무나도 많다는 사실을 새삼 깨닫게 된다. 스마트폰, 노트북, 옷, 가방, 신발 등 이렇게 가진 게 많음에도 불구하고 우리는 끊임없이 자기보다 더 좋은 것을 가진 상대방과 비교하며 불평·불만을 내뱉는다. '나도 저거 갖고 싶다', '나도 그것 사고 싶다' 그러면서 차츰차츰 감사가 메말라가기 시작한다. 비교하면 비교할수록 자신이 가진 것에 집중하지 못한다. 남이 가진 것에 집중하게 되면서 스스로를 비참하게 만들어버리게 된다. 즉, 비교는 비참해지거나, 교만해지거나 결국 어떤 방식으로라도 나아질 수 없는 것이다.

이처럼 세상에는 감사가 점점 메말라가고 있다. 그래서 우리는 비교하는 것을 그만두고, 더 이상 불평·불만 하는 것을 멈추고, 세상에 감사가 넘치게 해야 한다. 감사는 회복될 수 있는 것이고, 우리 안에 내재되어 있는 것이다. 마음만 먹으면 누구라도 할 수 있는 것이 '감사'이다. 똑같은 조건, 똑같은 상황 가운데 감사하는 마음가짐만 있으면 상황을 역전시킬 수 있다. 불행에서 행복으로,

원망에서 사랑으로 바꿀 수 있는 것은 오직 '감사'뿐이다. 이것이 바로 감사가 가진 놀라운 힘이다.

진정한 행복은 감사를 담은 마음에서 솟아난다. 바네트 깁슨은 그가 쓴 유명한 『행복한 하루』라는 책에서 이렇게 말한다.

"당신이 손안에 얼마나 많은 것을 쥐었는지는 그대의 행복과 아무런 관계가 없다. 그대의 마음속에 감사가 없다면 그대는 파멸의 노를 젓고 있는 것이다. 다른 공부보다 먼저 감사할 줄 아는 방법부터 배우라. 감사의 기술을 배울 때 그대는 비로소 행복해진다."

10 / 가난하다고 꿈조차 가난할 수는 없다

감사로 축복을 받고, 감사로 은혜를 입고, 감사로 구원을 얻는다. '감사의 놀라운 힘'을 깨달은 이후로 '감사합니다'를 입에 달고 살기 시작했다. 그렇게 '감사'를 고백하고 다니기 시작하니 정말 신기하게도 내 삶에 감사한 일이 풍성하게 넘치기 시작했다. 그중에서도 가장 잊을 수 없는 사건 중 하나는 2014년도 나의 꿈에 한 발자국 더 가까이 다가갈 수 있게 해준 한 장로님의 어학연수 장학금이었다.

모태신앙인 나는 어릴 때부터 장로님과 같이 한 교회를 다녔다. 청소년에 대한 애정이 남다르셨던 장로님은 나의 중고등부 부상 선생님이기도 하셨는데, 장로님은 나에 대해 모르는 것이 없으셨다. 부족하고 모자란 나를 늘 그윽한 사랑으로 채워주는 분이었고, 정서적으로 불안정한 시기에 아낌없는 사랑을 베풀어주신 친아버지와 다름없는 분이셨다.

장로님께서는 청소년기를 지나 성인이 된 나에게 지속해서 아낌없는 지지와 사랑을 베풀어주셨다. 군 제대를 앞두고 말년 휴가를 나와 '앞으로 뭐 하고 살지?' 고민하고 있는 중에 장로님께서 내 생각을 읽기라도 하신 듯 먼저 연락을 주셔서 만나게 되었다. 아니나 다를까, 장로님께선 "군 제대 후에 어떤 계획이 있는가?"라고 물으셨고, 나는 "복학 전까지 아르바이트하면서 등록금 벌고, 복학하면 예전처럼 똑같이 학교 다니고 있지 않을까요?"라고 대답했다. 고등학교 4학년 생활을 벗어나기 위해 회피하듯 군대에 갔는데, 군 제대 후에도 여전히 입대 전과 똑같은 '고4 생활'을 반복할 것 같은 게 정말 두려웠다. 그러나 내겐 딱히 어찌할 방법이 없었다.

그러자 장로님께서 내 대답을 예상이라도 하셨다는 듯, 그분의 자제 이야기를 해주셨다. "내 아들도 군 제대 후에 수빈이랑 똑같은 대답을 했었어. 입대 전이나 입대 후나 똑같은 환경 속에서 똑같은 삶을 살 것 같았지. 아들에게 환경의 변화가 필요하다는 생각이 들었어. 그래서 아들에게 잘 애기해서 필리핀 어학연수를 보내게 되었지. 그런데 아들이 어학연수를 통해 영어 실력과 자신감을 얻고 나니까 복학 후 대학 생활이 완전히 변하게 되었단다. 수빈이 너도 한번 어학연수를 통해 삶의 변화를 기대해봤으면 한다."

좋은 제안이었지만, 어학연수를 가려면 최소 500만 원 이상의 돈이 필요했다. 등록금 벌고, 생활비 벌기에도 빠듯한 삶이었는지라 내 인생에 어학연수는 감히 꿈도 꿀 수 없었다. 장로님께는 "좋은 제안 해주셔서 감사합니다만, 경제적 형편 때문에 어학연수는 못 갈 것 같습니다"라고 솔직하게 말씀드렸다. 대답을 들으신 장로님께서는 두 눈을 감고 잠시 고민하시더니 그 자리에서 백만 원의 장학금을 주시면서 한 말씀 덧붙이셨다.

"수빈아, 내가 살아보니 인생에서 가장 중요한 것은 '돈'보다 '경험'이란다. 어렸을 때의 경험이 네가 앞으로 살아갈 평생의 삶을 좌우하기 때문에, 돈 때문에 그 나이 때 할 수 있는 경험을 포기하지 말고, 어렵더라도 삶의 지경을 최대한으로 넓힐 수 있으면 좋겠구나. 빚진 돈은 벌어서 갚으면 그만이지만, 어렸을 때 하지 못한 경험은 돈 주고도 절대 살 수 없단다. 너의 삶의 지경이 넓혀지길 바라는 마음에서 주는 장학금이니, 너의 삶이 하나님께 귀히 쓰임 받는 기회가 되면 좋겠구나."

나를 귀하게 여기며 해주시는 장로님의 말씀을 듣자마자 흐르는 눈물을 주체할 수 없었다. 넉넉지 못한 가정형편 탓에 20살 이후로, 경제적으로 독립하여 용돈 한 푼 안 받고 대학 생활을 악착같이 해왔었다. 이제까지 살면서 그 누구에게도 이런 과분한 사랑을 받은 적이 없었다. 그런데 피 한 방울 안 섞인 장로님에게 과분한 사랑을 받게 되다니. 내 곁에 나를 진심으로 응원해주고 위로해주는 사람이 있다는 사실이 엄청난 힘이 되었다.

그날, 집으로 돌아가면서 다짐했다. "나의 머리카락 한 올 한 올까지도 헤아리고 계시는 주님, 오늘 제게 장로님을 통해 아낌없이 베풀어주신 주님의 사랑과 은혜를 저도 꼭 값없이, 아낌없이 세상 가운데 베풀면서 살도록 하겠습니다"라고.

주님은 아마도 이날을 예비하고 계셨던 걸까? 필리핀 어학연수 3개월을 가려면 약 500만 원의 비용이 필요했는데, 100만원은 장로님께서 주신 장학금으로, 240만 원은 군 생활에서 모은 적금으로, 나머지 150만 원은 필리핀 어학원 TA(Teaching Assistant) 장학금으로 충당하게 해주셨다. 어학원에서 TA로 일하게 되면 매달 50만 원씩 장학금을 준다. 근근이 대학 생활을 이어가는 나에게 이런 기회가 오리라곤 감히 상상조차 할 수 없었다. 하나님을

나답게, 행복하게 살고 싶어

믿고 의지하면 언제나 주님께서 나를 선한 길로 인도하신다는 사실을 깨닫게 해준 사건이었다. 내 인생 첫 번째 '감사의 기적'이었다. 그리고 그 당시에는 몰랐지만, 이 필리핀 어학연수(2015년)가 계기가 되어, 고1 때부터 꿈에 그리던 아프리카 케냐에도 다녀올 수 있게 되고(2016년), 영국 교환학생(2017년), 하와이 어학연수(2018년)까지 다녀오며 장로님이 말씀해주신 그대로 '삶의 지경'을 넓히는 감사의 기적을 매년 마다 경험하게 되었다.

11 ╱ 생긴 것도 다르고 입맛도 다른데 외국인과 친구가 될 수 있을까?

그렇게 감사의 기적을 경험하며 마침내 필리핀 땅을 밟게 되었다. 부모님 손 벌리지 않고 달려온 해외라 감회가 남달랐다. 솔직히 부모님 돈으로 돈 걱정하지 않고 편히 어학연수를 왔다면 '언제든지 다음에 또 오면 되지' 하는 마음이 생겨 청춘의 귀한 시간을 허비할 것만 같다는 생각이 들었다. 그도 그럴 것이 필리핀에는 유혹거리가 진짜 많았다. 혈기왕성한 청년의 때에 그것들을 다 무시하고, 필리핀까지 와서 온전히 공부만 하고 지내기란 정말 쉽지 않은 일이었다.

감사하게도 나는 필리핀에 오기까지 엄청난 연단(?)의 시간이 있었으며, 필리핀 땅에서 삶의 지경이 넓혀지기를 간절히 바라며 중보기도 하고 있는 가족들과 장로님이 있었기에 유혹에 흔들리지 않고 영어 공부에 대한 마음을 다잡을 수 있었다.

그렇게 어렵사리 시작된 영어 공부. 대학교 처음 들어갔을 때 본 모의 토익 성적이 신발 사이즈 비슷하게 나와서 "한 번호로만 찍어도 점수가 그것보단 높게 나왔겠다!"라며 친구에게 비웃음을 당했던 적이 있었다. 그만큼 난 영어와는 거리가 멀다고 생각했다. 그랬던 내가 '아프리카의 죽어가는 아이들을 살리는 사람이 되고 싶다'며 영어 공부의 필요성을 느끼고, 열심히 영어 공부를 시작하게 된 것이다!

필리핀에서 새벽 2~3시까지 영어 공부를 하다가 책상에서 잠드는 건 일상이었다. 3개월이라는 짧은 시간이었기에 한눈팔 시간이 없었다. 어떻게 해서든 짧은 시간 안에 영어를 유창하게 하고야 말겠다는 목표를 이루고 싶었다. 그러나 작심삼일이었다. 의지가 너무 나약했다. 한국에 있을 때는 필리핀으로 어학연수만 가면, 영어가 엄청나게 늘 거라는 막연한 기대가 있었다. 막상 오고 나니까 환경만 달라졌을 뿐 내 의지는 그대로였다. 가장 큰 변화라면, 필리핀에서 일상생활을 할 때 한국어가 아닌 영어만 들린다는 것,

나답게, 행복하게 살고 싶어

그래서 어쩔 수 없이 영어를 쓸 수밖에 없는 상황에 놓이게 된다는 것, 그게 전부였다.

그러다가 어느 날 문득, 이런 생각이 들었다. '이렇게 책상에 앉아서 공부할 거면 한국 도서관에서 영어 공부를 할 것이지, 뭣 하러 돈 아깝게 필리핀까지 왔어?'라는 생각이 듦과 동시에 자괴감이 물밀 듯이 몰려왔다. '한국에선 할 수 없고, 이곳(필리핀)에서만 할 수 있는 것이 뭐가 있을까?'를 곰곰이 생각해봤다. 그렇게 고민하는 중에 번뜩 좋은 아이디어가 생각이 났는데, 그것은 바로 '나는 사람 만나기를 참 좋아하고, 사람과 대화하는 것을 좋아하니까 필리핀 현지인을 1:1로 만나 놀면 어떨까?'였다.

'필리핀 현지 친구를 1:1로 만나 편하게 논다'는 목표가 생긴 이후로 질문이 꼬리에 꼬리를 물었다. '그런데 누구를 만나면 좋을까?', '같이 노는 건 좋은데 필리핀 친구가 내 부족한 영어 실력에 답답해하면 어떡하지?', '대화하다가 대화 소재가 떨어져 대화가 갑자기 뚝 끊기면 어떡하지?' 등 만나기도 전에 정말 별의별 걱정을 다 했던 것 같다. 무엇보다도 '생긴 것도 다르고, 입맛도 다르고, 좋아하는 것도 다른데 필리핀 사람과 친구가 될 수 있을까?'란 질문이 계속해서 내 머릿속을 떠나지 않았다.

이런 고민을 동기에게 털어놓으니 감사하게도 친구가 자기도 나와 똑같은 고민을 한 적이 있었다며 자기가 만난 좋은 필리핀 친구를 소개해줬다. 그 친구는 메간(Megan)이라는 친구였는데 한국인 대상 튜터(Tutor)로 일한 적이 있었다. 한국 문화에 대해 잘 알고, 어학연수 온 한국인 유학생들을 잘 이해하고 있는 친구였다. 그럼에도 불구하고 나는 메간을 만나서 무슨 얘기를 하고, 어떻게 놀아야 할까? 레스토랑에 갔을 때, 카페에 갔을 때 등 상황별로 무슨 얘기를 할지 스크립트를 영어로 써서 달달 외울 정도였으니 난생 처음, 외국인 친구를 사귀기 위해 무던히도 애를 써댔었다.

드디어(?) 기다리고 기다리던 메간을 만나는 날이 되었다. 달달 외운 대본대로 부자연스러운 대화를 겨우겨우 이어나갔다. 한 10분을 그렇게 얘기했을까? 준비한 스크립트가 바닥이 나 버렸다. 어쩔 수 없이 바디랭귀지를 다 동원하였다. 메간이 얘기할 때마다 들리는 영어단어들을 겨우 캐치하여 어떻게든 대화를 잘 이어나갔다. 영어를 더듬거려서 충분히 답답했을 법도 한데 그럴 때마다 웃으면서 "괜찮다"고 위로해준 메간에게 어찌나 고마웠는지 모른다.

우여곡절 끝에 메간과의 첫 만남을 무사히 잘 마무리하며 깨달은 게 한 가지 있다. 그것은 바로 '사람 사는 건 어디를 가든 다 똑같구나'라는 것이었다. '생긴 것도 다르고, 입맛도 다르고, 좋아하는 것도 다르다고 해서 외국인과 친구가 될 수 없겠구나'라는 것은 부족한 나의 세상 경험에서 나온 편견이었다. 오만과 편견을 제거해준 메간과의 첫 만남 이후, 마음씨 따스한 메간을 몇 번 더 만나면서 영어에 대한 자신감을 얻게 되었고, 외국인 앞에만 서면 입이 굳어버리는 '외국인 공포증'과 '영어 울렁증'을 동시에 떨쳐 버릴 수 있게 되었다.

따스한 미소로 나를 맞아준 메간을 잊을 수 없다. 비록, 지금은 각자의 삶이 바빠 연락이 잘 닿지 않지만, 나의 첫 외국인 친구, 메간과의 만남을 준비하기 위해 상황별로 스크립트를 써가며 달달 외워 고군분투했던 기억은 5년이 지난 지금까지도 소중한 추억으로 남아있다. 낯선 땅에서 따스한 환대를 베풀어준 메간이 정말 고마웠다. 나도 한국에서 외국인들을 보면 메간이 나에게 해줬던 것을 기억하며 환대를 베풀자고 다짐하게 되었다.

장로님께서 말씀하신 대로 한국에만 있었더라면 영어에 대한 필요성을 크게 느끼지 못해 평생 외국인과 영어로 대화하는 것을 두려워하며 살았을지도 모른다. 그런데 장로님 덕분에 부모님 품을 떠나 해외에 처음 발을 내디디며 다양한 문화와 역사와 사람들을 접하며 생각의 폭을 넓히고, 지경을 넓힐 수 있었다. 무엇보다도 필리핀 어학연수를 통해 외국인에 대한 오만과 편견을 없앨 수 있었다. 필리핀 어학연수가 힘들지 않았다면 거짓말이겠지만, 힘들 때마다 붙잡으며 기도했던 어학원의 슬로건을 같이 나눠보고자 한다.

"세상을 품고 세계로 나아가는 비전 메이커가 되어라!"

12 / 최고의 감사는 '그럼에도 불구하고' 감사하는 것

아직도 그날을 잊지 못한다. 2015년 6월의 어느 날이었다. 영어학원에서 저녁 아르바이트를 하는 중에 동생에게 전화 한 통을 받았다. "오빠! 지금 어디야? 아빠 응급실에 실려 갔어. 목숨을 잃을 뻔한 위험천만한 상황이었는데. 응급실에서 수술 중이라고 하니까. 올 수 있으면 지금 바로 응급실에 와봐야 할 것 같아. 빨리!" 동생의 다급한 전화가 끊어지자마자 두 다리에 힘이 쫙 풀려 주저앉고 말았다. 그 모습을 보고 놀란 매니저님이 "수빈아, 갑자기 왜 그래? 무슨 일이야?"라고 물었다. '아빠가 응급실에 실려 갔다'는 사실에 충격을 받은 나는 목소리는 안 나오고, 하염없이 눈물만 흘렸다.

나답게, 행복하게 살고 싶어

마음을 추스르고 매니저님에게 자초지종을 다 말씀드렸더니 오늘 일은 그만하고, 바로 응급실로 가보라고 하였다. 아빠가 부디 무사하시길 바라는 마음으로 계속 기도하며 병원으로 달렸다. 다행히도 아빠는 한 손에 붕대를 칭칭 감은 채 침상에 누워계셨다. 무슨 일인가 싶어서 자초지종을 물었더니 아빠와 같이 일하던 동료가 일을 빨리 끝내겠다며 무리하게 지게차에 짐을 올렸고, 지게차가 그 무게를 지탱하지 못하고 그만 무너져 내렸다는 것이다. 아빠는 그 밑에 있어서 하마터면 목숨을 잃을 뻔 했지만, 천만다행으로 몸을 피했고 손가락이 짓눌려 검지를 절단하게 되었다고 했다.

그 순간, 우리 아빠를 이렇게 만든 회사와 지게차를 운전한 사람에 대한 화가 머리끝까지 나서 참을 수 없었다. 하지만 이미 아빠의 손가락은 절단된 상태였고, 화를 낸다고 해서 달라질 건 전혀 없었다. 이 상황에서 내가 아빠를 위해 할 수 있는 게 뭐가 있을까 기도하며 고민했다. "주님, 저는 절대 용서할 수가 없어요! 우리 아빠를 위험한 환경에서 일하게 한 회사와 무리해서 지게차를 운전한 사람을 절대 용서할 수가 없단 말이에요!" 계속 하나님께 따지듯이 울면서 기도하고 있는데 어느 순간 갑자기 마음 가운데 감사가 터져 나오기 시작했다. '그럼에도 불구하고 우리 아빠가 죽지 않고 살아 있음에 감사합니다', '회사 사장님이 우리 아빠 책임지고 무사히 응급실까지 데려다주셔서 감사합니다', '병상에 누운 아빠를 간호하기 위해 우리 4인 가족이 다 모여 시간을 보낼 수 있음에 감사합니다' 등 분명 화가 계속해서 나야 하는 상황임에도 불구하고 감사가 절로 나오고 있었다.

이 상황에 감사가 나오는 게 도무지 이해가 되질 않았다. "아빠의 손가락이 잘려나갔는데, 불평·불만하고 원망한다 해도 누구도 이해해줄 수 있는 상황이잖아요! 그런데 하나님 도대체 왜! 이 상황에서 감사가 나오게 해주시는 건가요" 원망하고 싶은 마음과는 다르게 입으로는 계속해서 감사를 고백하고 있었다. 심지어는 아빠 핸드폰에 저장된 회사 사장님 번호로 '아빠를 무사히 응급실까지 데려다주셔서 감사합니다'라며 사장님께 장문의 감사 문자를 보내기까지 했다. 우리 아빠를 이 지경으로 만든 사장님을 원망하고 싶은 내 마음과는 다르게 말이다.

다음날 아빠를 통해 듣기로는 회사 사장님이 그 문자에 감동하여 눈물을 흘렸다고 했다. 아빠는 일용직 노동자여서 산재보험처리가 안 되는데, 아들이 보낸 문자에 감동하여 산재보험처리와 퇴원 후 일자리까지 책임져주시겠다고 했다는 것이다. 대가를 바라지 않고, 진정한 마음에서 우러러 나온 '그럼에도 불구하고'에 순종한 감사였을 뿐이다. 순종은 제사보다 낫다고 했던가? 하나님께서는 이를 통해 또 다른 은혜들을 베풀어 주셨다.

사실, 이때 난 너무나도 힘들었다. 일상생활에 지장이 될 정도로 마음을 붙잡기가 어려웠다. 그럼에도 불구하고 주님 주신 마음따라 순종하며 감사하기 시작하니, 흐트러진 마음을 붙잡고, 다스릴 수 있게 되었다. 마음 가운데 다시금 평안이 찾아오게 되었다.

감사에도 수준이 있다.

If - 1차원적 감사, 조건부(If) 감사이다. 만약 내가 다른 사람보다 더 잘되거나 더 많이 갖게 되면 감사하겠다는 것이다. 그러나 이것은 다른 사람과 비교할 때 항상 자신이 갖지 못한 것만을 불평하는 어린아이 수준의 감사일 뿐이다.

Because - 2차원적 감사, 무엇을 받았기 때문에(Because) 받은 것 중에 일부를 드리는 감사다. 상대방과 비교하되 자기보다 못한 사람과 비교하여 자신이 받은 것을 감사하는 단계로 대부분의 사람들이 여기에 속하지 않을까 싶다.

In spite of - 3차원적 감사, 불행을 당해도, 힘들고 어려워도, 일이 잘 안 되어도, 그럼에도 불구하고(In spite of) 감사하는 수준으로, 모든 악조건 속에서도 하나님의 은혜로 생각하고 범사에 감사하는 사람이다.

진정으로 더 높은 단계의 감사, 즉 3차원적인 감사는 어떤 것일까. 그것이 바로 '그럼에도 불구하고' 감사하는 단계이다. 어렵고 힘든 상황 가운데서도 감사하는 것이다. 조건부의 감사가 아니라 조건을 뛰어넘는 감사이다. 비록 인간적으로 볼 때 받은 것이 없고, 오히려 어려운 일들이 계속되고, 심지어 모든 것을 잃어도 감사하는 것이다.

"내가 다른 사람들보다 부자는 아니지만, 사랑하는 식구들과 맛있는 식사를 하게 하시니 감사합니다."
"내가 다른 친구들보다 연봉이 높지는 않지만, 영혼을 살리는 사역에 헌신하게 하시니 감사합니다."
"내가 다른 사람들보다 건강하진 않지만, 매일 운동할 수 있는 부지런함을 주시니 감사합니다."

이것이 바로 '그럼에도 불구하고'의 감사이다. 그런데 감사란 참 아이러니하다. 정말 감사해야 될 사람들은 감사할 줄 모르고, 아무것도 가진 것 없는 사람들은 작은 것에도 감사하니 말이다.

'행복하기 때문에 웃는 게 아니라 웃기 때문에 행복하다'라는 말이 있다. 마찬가지로, '행복해서 감사한 게 아니라 감사해서 행복하다'고 얘기하고 싶다. 아빠의 사고를 통해 감사의 힘을 깨닫고, 3차원적인 감사인 '그럼에도 불구하고' 감사를 할 수 있음에 감사하다. 어쩌면 아빠의 사고를 통해 우리 가족은 불평·불만만을 말하고, 불행 가득한 터널 같은 시기에서 헤어 나오지 못할 수도 있었다. 오히려 '전화위복'이 되어 이 시기를 통해 우리 가족이 서로의 소중함을 깨닫고, 더 화목해질 수 있어 정말 감사하다. 무엇보다 교회에 나가지 않던 아빠가 이 시기를 통해 살아계신 하나님의 존재를 깨닫고 온 가족과 함께 교회에 나가 예배를 드릴 수 있음에 정말 감사하다.

13 / 오랫동안 꿈을 그리는 사람은 마침내 그 꿈을 닮아간다

2009년 고1 때까지만 해도 영어 한마디 못하던 내가 그로부터 7년이 지난 2016년도에 아프리카 케냐에 가리라곤 과연 상상이나 할 수 있었을까? 돌이켜보면 모든 것이 다 하나님의 은혜다. 소심하고 겁 많던 내 성격을 초등학교 6학년 때부터 연단시켜 주시고, 고등학교 1학년 때는 교회 선생님으로부터 선물 받은 책, 한비야 씨의 『지도 밖으로 행군하라』를 통해 쓸모없는(Useless) 삶인 줄로만 알았던 내 삶이, 내가 주님께 온전히 쓸모 있는(Useful) 삶으로 쓰임 받을 수 있도록 내 삶의 비전을 허락해주시고, 대학생 때는 수많은 대외활동을 통해 사회생활하는 법을 깨닫게 하시며, 여태까지 주님이 예비하신 동역자들을 통해 좋은 기회들을 누리게 하시니 이 모든 것들을 어찌 하나님의 은혜라고 고백하지 않을 수가 있을까.

그리고 그렇게 연단 받던 내 삶의 시간들을 통해 아프리카 케냐 봉

나답게, 행복하게 살고 싶어

사활동의 기회도 잡을 수 있게 되었다. 앞서 얘기했던 것처럼, 나는 어디를 가든지 "감사가 메마른 세상에서 감사가 넘치는 세상을 꿈꾸는 감사 청년, 박수빈입니다"라며 자기소개를 한다. 기회가 되고, 시간이 될 때마다 '아프리카의 죽어가는 아이들을 살리는 사람이 되고 싶다'라고 선포하고 다닌다.

혹자는 '굳이 그렇게까지 처음 보는 사람들 앞에서까지 자신의 미션을 선포하고 다니며 피곤하게 살아야 하나?'라고 생각할 수도 있겠지만, 이렇게 선포하고 다니면 누군가는 내 꿈을 듣고, 내 꿈을 기억하게 된다. 그뿐만 아니라, 나를 응원해주는 사람들도 생기게 된다. 이 선포가 얼마나 효과가 있었느냐고 묻는다면, 난 이 선포 덕분에 진심으로 내 꿈을 기억해주고, 응원해주는 몇 사람을 얻게 되었고, 이 사람들로 인해 꿈에도 그리던 아프리카 케냐에 다녀올 수 있게 되었노라고 감히 대답해주고 싶다.

내가 아프리카 케냐에 다녀올 수 있었던 직접적인 계기는 2015년도에 한국해비타트 대학생 서포터즈 대외활동을 담당했었던 매니저님 덕분이었다. 대외활동을 하면서 다양한 사람들을 만나 다양한 삶의 이야기들을 듣고, 그 사람들과 함께 활동하기를 즐겨했던 나는 이번 대외활동에서도 어떤 만남이 나를 기다리고 있고, 무엇이 나를 성장시켜줄 수 있을까를 고대하는 마음으로 서포터즈 활동에 참여했다. 활동 내용으로는 2015년 10월부터 12월까지 3개월간 한국해비타트 월별 온라인 콘텐츠 제작과 오프라인 행사에 참석(발대식, 건축봉사 등)하는 것이었다. 대부분의 다른 대외활동들의 프로그램도 이렇게 진행되기 때문에 활동하는 데에는 큰 부담이 없었다.

여느 때와 다름없이 한국해비타트 대외활동을 하면서도 '아프리카의 죽어가는 아이들을 살리는 사람이 되고 싶다'라고 선포하고 다녔는데, 그 선포를 듣고 나의 꿈을 기억해주신 매니저님께서 한국해비타트에서 진행하는 해외봉사활동 프로그램이 있는데 지원해볼 생각이 있냐고 먼저 제안해주셨다. 내게 오는 모든 기회는 결코 우연한 것이 아니라 주님이 허락하신 기회라고 생각한 나는 흔쾌히 지원하였고, 결론부터 얘기하면, 한국해비타트 대학생 서포터즈 활동이 좋은 레퍼런스가 되어 해외자원봉사자로 최종합격하게 되었다.

당시 한국해비타트는 필리핀, 우간다, 케냐에서 진행하는 프로젝트를 담당할 해외자원봉사자를 모집하고 있었는데, 아프리카에 너무나도 가고 싶었지만 아들이 아프리카에 가는 걸 끔찍이 걱정하셨던 부모님 때문에 내 욕심을 내려놓고, 1순위로 필리핀을 적고, 대신 2순위로 케냐, 3순위로 우간다를 적었다. 그렇게 시간이 지

나답게, 행복하게 살고 싶어

나 서류에 합격하고, 면접을 보며 최종 결과만을 초조하게 기다리고 있었다.

"박수빈 씨 되시죠? 축하드립니다. 한국해비타트 해외자원봉사자 면접전형에 최종합격하셨습니다."

"정말요? 좋은 소식 전해주셔서 정말 감사합니다."

"그런데, 조건이 있습니다."

"네? 조건이요?"

"지원하신 1순위 필리핀이 아니라 2순위 케냐로 가셔야 할 것 같습니다."

"아, 케냐요? 혹시 어떤 거 때문에 그런지 알 수 있을까요?"

"국가별 지원사업에 따른 지원자의 특성을 반영한 결과입니다."

"아, 그렇군요. 케냐라면 고등학교 때부터 정말 가고 싶었던 국가이긴 한데, 아프리카 대륙이라……. 부모님과의 상의가 필요할 것 같아요. 부모님과 상의 후에 말씀드려도 괜찮을까요?"

"네. 오늘 중으로만 연락해주시면 되겠습니다."

"네. 감사합니다."

아직도 그날의 최종합격 전화가 머릿속에 생생히 기억난다. 너무나도 기분 좋은 소식이었지만, 부모님께 심려를 끼쳐드리고 싶지 않았다. 간절히 바라고, 꿈에 그리던 일이긴 한데, 어찌하면 좋을까? 기도하고 고민하는 중에 부모님께 내 진심을 다 말하기로 하고, 자초지종을 말씀드렸다. 그랬더니 완강히 거절하실 줄 알았던 내 예상과는 달리, 부모님께서는 "오랫동안 꿈꿔온 아들의 꿈이라는데 응원해줘야지. 건강 무사히 잘 다녀와. 아들. 다치지 말고." 라는 응원의 말과 함께 흔쾌히 허락해주셨다. '오랫동안 꿈을 그리는 사람은 마침내 그 꿈을 닮아간다라더니, 어라? 그럼 나 이제 진짜 아프리카 가는 건가?' 부모님의 허락과 동시에 참을 수 없는 기분 좋은 두근거림이 심장을 두드리기 시작했다.

14 / 돈이 없으면 '불편'하지만 '불행'한 것은 아니다

'아프리카에 가서 어려운 사람들을 돕겠다'는 소망을 품은 지 7년 만에 그토록 꿈에 그리던 아프리카 케냐 땅에 첫발을 내디딤으로써 마침내 나의 작은 소망을 성취하게 되었다. 2016년 2월부터 2017년 2월까지 1년간 케냐에 있으면서 정말 문자 그대로 산전수전 공중전까지 다 겪었는데 케냐에서 1년간 있었던 이야기를 다 이야기하자면 책 한 권을 써도 모자라겠다. 그중에서도 비천에 처한 중에도, 배고픔과 궁핍 중에도 인생에서의 진정한 성공과 행복이란 무엇인지 깨닫게 해준 일화를 나누고자 한다.

내가 소속되어있던 해비타트(Habitat for Humanity)라는 단체는 '모든 사람에게 안락한 집이 있는 세상'이라는 비전을 가지고 1976년 미국에서 시작한 비영리국제단체로, 열악한 주거환경으로 고통받는 사람들을 위해 집과 마을을 짓고 희망을 전하는 단체이다.

내가 케냐에서 1년간 주로 담당했던 일은 해비타트의 비전을 따라 가난한 자, 고아, 과부, 장애인과 같은 사회적 약자를 위해 전 세계에서 온 자원봉사자들과 함께 집을 지어주는 일이었다. 결론부터 얘기하면, 케냐에 있는 1년이란 시간 동안 한국, 미국, 영국, 독일, 네덜란드, 홍콩, 나미비아 등 전 세계에서 온 자원봉사자들과 협력하여 총 6채의 집을 지어주었다.

집을 짓기 위해 비포장도로를 8시간 이상 차를 타고 달리면 마침내 건축봉사 장소에 도착하게 되는데 이때 마을 사람들이 현장에서 우리를 환영해주는 것을 감히 비유하자면 대통령 의전과 거의 맞먹는다고 할 수 있겠다. 마을 사람 전체가 나와서 입으로는 케냐 전통 노래를 신나게 부르고, 몸으로는 격하게 춤을 추며 정신이 쏙 빠질 정도로 매우 환영해주는데, 그런 격한 환영은 난생 또 처음 받아봐서 마치 내가 이 사람들에게 정말 쓸모 있는 사람이 된 것 마냥 기분이 정말 좋았다.

그리고 나서 '금강산도 식후경'이라고 케냐 사람들이 우리를 위해 정성스레 차려준 케냐 현지식 식사를 하려던 참이었다. 너나할 것 없이 다 함께 사이좋게 먹을 줄 알았는데 이상하게 호스트(Host)인 케냐 사람들은 먹지 않고, 게스트(Guest)인 우리가 먹는 모습을 지켜보고만 있었다. 현지 음식이 입에 너무나도 잘 맞았던 나는 게스트만 먹는 상황이 이상한 걸 눈치 채지 못하고, 그 자리에서 하나도 남김없이 차려준 음식을 다 먹어치워 버렸다.

한국에서 으레 그래왔던 것처럼 하나도 남김없이 음식을 다 먹으면 음식을 열심히 차려준 케냐 사람들이 좋아할 거라는 내 예상과는 달리 허탈한 듯 나를 원망 가득한(?) 눈초리로 쳐다보는 케냐 사람들을 보면서 뭔가 이상한 걸 눈치 채게 되었다. 이 이상한 분위기를 내 직속상관이자 케냐해비타트 코디네이터인 James도 눈치 챘는지, James가 웃으면서 한마디 했다. "수빈, 괜찮아. 모르니깐 처음엔 그럴 수도 있어. 케냐에선 게스트가 다 먹고 남은 음식을 호스트가 먹는 게 문화야"라고 얘기해줬다. James의 말에 머리를 망치로 세게 얻어맞은 것만 같았다. 타 문화권의 문화감성에 대한 이해 부족과 나의 배려심 없는 식탐으로 인해 귀한 대접을 해준 호스트들이 소중한 한 끼를 쫄쫄 굶었기 때문이었다.

정말 그때 얼마나 미안했는지 모른다. 그때부터 인터넷에 검색해

나답게, 행복하게 살고 싶어

도 잘 나오지 않는 케냐 문화에 대해서 현지인들에게 직접 하나하나 물어가며 공부하기 시작했다. '세상엔 책으로도 배울 수 없는 지식이 있구나'라는 것을 이번 사건을 통해 뼈저리게 느끼게 되었다. 그나마 초반에 빨리 깨달았기에 망정이었다. 그다음부터는 호스트가 식사 자리에 초대해줄 때마다 정량의 80%만 채워서 식사하는 습관을 들이게 되었고, 더 먹고 싶을 때는 호스트가 식사할 때 정중히 양해를 구하고 같이 이야기 나누며 식탁교제에 참여하는 식으로 바꾸게 되었다.

그렇게 책으로는 배울 수 없는 케냐 문화에 대해서 몸소 배워가는 중에 어떤 날은 케냐 아이의 호의에 깊이 감동받은 적이 있었다. 케냐에는 우갈리(Ugali)라는 옥수수 가루로 만들어 먹는 동아프리카 지역의 전통 음식이 있다(케냐 사람들에게 우갈리는 우리나라 주식(主食)에 해당되는 쌀밥과 비슷하다고 보면 된다). 우리나라에선 대부분 삼시 세끼를 꼬박꼬박 챙겨 먹는 게 너무나도 당연하지만 형편이 어려운 케냐에선 삼시 세끼를 꼬박꼬박 챙겨 먹는 게 결코 당연하지 않은 일이다.

그만큼 어려운 환경 가운데 있음에도 불구하고 이방인이나 손님이 자기 집이나 마을에 찾아오면 자기가 가진 음식 중에 가장 최선의 것을 기꺼이 내어다 준다. 한 번은 내가 건축봉사를 위해 마을에 갔었는데 한 아이가 나를 보자마자 환한 미소로 뛰어오더니 자기가 먹으려던 우갈리를 그대로 나에게 주려고 하는 것이었다. "안 줘도 괜찮다", "나중에 집에 가서 먹으면 된다"고 아이에게 아무리 얘기해줘도 속수무책이었다. "너는 하늘이 내게 보내준 내 손님이기 때문에 결코 그냥 보낼 수 없고, 내가 가진 가장 최선의 것을 너에게 대접하고 싶다"며 내가 받을 때까지 계속 기다리고 있었다. 아이의 호의를 거부하는 것도 예의가 아닌 것 같아 받긴 받았는데, 고사리 같은 손으로 우갈리를 건네던 아이의 환한 미소가 아직도 잊히지 않는다.

건축봉사를 마치고 차를 타고 숙소로 돌아오는 길에 깊은 생각에 잠기게 되었다. 오늘 우갈리를 건네준 아이에 비하면 난 정말 가진 게 많다. 집, 스마트폰, 노트북, 옷, 신발, 음식 등 행복의 조건이 돈이라면, 그 아이보다 내가 행복해야 하는 것은 당연한 이치였다. 그런데 난 아이보다 가진 게 많음에도 불구하고 전혀 행복하지가 않았다. 가진 것에 만족하지 못하고, 나보다 더 좋은 것을 가진 남들과 나 자신을 비교하며 계속해서 나 자신을 깎아내리고 있었기 때문이었다. 남들보다 더 좋은 것을 가지기 위해 스스로를 끊임없이 괴롭히며 아등바등하며 살고 있었기 때문이었다.

오늘 내게 우갈리를 건네준 아이를 통해 비로소 난 깨닫게 되었다. 행복의 조건은 돈이 아니라는 것을. 역설적이게도 나보다 물질적으로 덜 가진 아이가 건네준 우갈리를 통해 이제야 비로소 깨닫게 된 것이다.

미국의 시인이자 사상가인 랄프 왈도 에머슨이 쓴, 〈이것이 진정한 성공이다〉라는 시에는 진정한 성공이란 무엇인지 성공의 정의에 관해 아주 구체적이고도 명확하게 설명되어 있다.

〈이것이 진정한 성공이다〉
_랄프 왈도 에머슨

자주 그리고 많이 웃는 것
현명한 이에게서 존경받고
어린아이에게서 사랑받는 것
정직한 비평가에게서 찬사를 받고
친구의 배반을 참아내는 것
아름다운 것을 식별할 줄 알고
다른 사람에게서 장점을 발견해 내는 것

건강한 아이를 하나 낳든
한 뙈기의 밭을 가꾸든

사회 환경을 개선하든

자기가 태어나기 전보다 조금이라도
살기 좋은 곳으로 만들어놓고 떠나는 것

이 땅에 잠시 머물다 감으로써
단 한 사람의 인생이라도 행복해지는 것

이것이 진정한 성공이다

부끄럽게도 난 이 시를 읽기 전까지만 해도 '성공이란, 돈 많이 벌
어서 (나와 나의 가족이) 잘 먹고 잘사는 것'인 줄로만 알았다. 그
런데 이 시를 읽고 난 후로는 성공에 대한 정의가 랄프 왈도 에머
슨이 정의한 것처럼 바뀌게 되었다. '성공이란, 자기가 태어나기
전보다 조금이라도 살기 좋은 곳으로 만들어놓고 떠나는 것, 이
땅에 잠시 머물다 감으로써 단 한 사람의 인생이라도 행복해지는
것'으로 바뀐 것이다.

나보다 물질적으로 덜 가진 아이가 건네준 우갈리는 나로 하여금
'돈은 결코 행복의 척도가 될 수 없다'는 것을 뼈저리게 깨닫게 해
준 사건이었다. 돈이 없으면 '불편'할 수는 있지만, 돈이 없다고 해

나답게, 행복하게 살고 싶어

서 '불행'하진 않다는 사실을 깨닫게 해준 것은 덤이었다. 그리고 이 사건을 통해 더 이상, 나의 안위와 만족만을 위해 살지 않겠노라고 다짐하게 되었다. '이다음에 돈 많이 벌어서 기부할 거예요!' 라고 고백하는 것이 아니라 아이가 내게 솔선수범하여 자신이 가진 가장 귀한 것을 나에게 기꺼이 내어주며 몸소 보여준 것처럼, 지금, 당장, 내가 가진 최선의 것을 어떻게 하면 도움이 필요한 이웃들에게 기꺼이 나눌 수 있을까를 그때부터 고민하기 시작했다는 것은 내 삶의 가치관을 '나 중심'에서 '내 이웃 중심'으로 뒤바꿔놓는 완전히 혁명적인 사건이었다.

1년간의 케냐 생활이 내 삶의 지경을 넓혀주고, 내 삶의 질을 높여줬음은 아무리 강조해도 지나치지 않다. 그중에서도 특히 빌립보서 4장의 말씀을 온몸으로 체험하고 느낄 수 있었다는 것이 내게 참 귀하고 감사한 시간이었다.

"내가 궁핍함으로 말하는 것이 아니라 어떠한 형편에든지 내가 자족하기를 배웠노니 내가 비천에 처할 줄도 알고 풍부에 처할 줄도 알아 모든 일에 배부르며 배고픔과 풍부와 궁핍에도 일체의 비결을 배웠노라"
(빌 4:11-12)

15 / 당신의 비전을 선포하라

이름도, 얼굴도 모르는 사람이 한 대학생의 꿈을 듣고, 그 학생의 꿈을 후원해주고 싶다면서 졸업할 때까지 매달 20만 원씩 15개월을 후원해주는 일은 과연 영화 속에서나 나올 법한 일일까? 그런데 그 영화 같은 일이 내 인생 속에서 실제로 일어났다.

2017년 12월, 영국 교환학생을 마치고 이대로 한국으로 돌아가기가 너무 아쉬워서 후배와 함께 3주간의 유럽여행을 계획했다. 프랑스→스위스→이탈리아→스페인 총 4개국을 여행하는 일정이었다.. 여행경비가 넉넉지 못했기 때문에 숙소는 아침, 저녁 한식을 제공해주는 한인 민박집으로 잡았는데 이것이 신의 한수가 되리라고는 당시에는 전혀 상상하지 못했었다.

유럽여행의 첫 번째 국가였던 프랑스 한인 민박집에 머물 때다. 그곳에서 1개월 이상 장기체류하는 형을 만나게 되었다. 아니나 다를까, 처음 만난 형에게 어김없이 나는 '감사가 메마른 세상에 감사가 넘치는 세상을 꿈꾼다'며 자기소개를 했고, '아프리카의 죽어가는 아이들을 살리는 사람이 되고 싶다'며 내 꿈 이야기를 했다. 보통 이렇게 자기소개를 하면 '별 희한한 놈을 다 보겠네'하는 식으로 웃으면서 대부분 그냥 넘어가곤 하는데 형은 내 자기소개

나답게, 행복하게 살고 싶어

를 듣더니 "너에게 꼭 소개해주고 싶은 사람이 있다"라며 다음날 점심시간을 비워놓으라고 했다.

첫인상만큼이나 성격이 정말 좋았던 형은 프랑스에 오랜 기간 거주하여 모르는 것이 거의 없었고, 우리에게 루브르 박물관 투어까지 시켜주면서 프랑스에서의 시간을 정말 알차고 보람차게 만들어 주었다. 온종일 형과 같이 돌아다니고, 대화를 많이 나누면서 형에 대한 신뢰가 쌓이게 되었고, 다음날 점심시간에도 흔쾌히 형을 따라가게 되었다.

형이 데려다준 곳은 프랑스에서 오랜 시간 살고 계셨던 한인교회 권사님 댁이었고, 그곳에서 후배와 나는 테이블 위로 정갈한 음식들이 한 상 차려진 채 귀빈 대접을 받게 되었다. 풍성한 식탁 교제를 하는 가운데 권사님에게도 형을 처음 만나 소개했던 그대로 똑같이 자기소개를 하고, 내가 어떻게 이곳까지 오게 되었으며, 앞으로 어떤 삶을 살고 싶은지를 다 이야기했다. 그랬더니 권사님께서 "요즘 같은 시대에 이런 청년이 있다는 게 참 귀하네요. 내가 수빈을 위해 기도해주고 싶은데 그래도 괜찮을까요?"라고 해주셨다. 이미 귀한 대접을 받았는데 축복기도까지 해주신다고 하니 정말 감개무량했다.

형이 점심시간을 비워놓으라고 했을 때, 나는 그저 편하게 점심 먹는 약속인 줄 알고, 정말 아무것도 챙기지 않고 편한 마음으로 왔는데 이런 귀빈 대접을 받으니 몸 둘 바를 몰랐다. 내가 형과 권사님을 위해 해드릴 수 있는 건 아무것도 없었기 때문에 오늘 베풀어주신 사랑과 은혜를 평생 잊지 않고 꼭 기억하여 생각날 때마다 중보기도를 하겠노라고 약속드렸다.

그렇게 우리의 짧지만 행복했던 만남은 끝이 났고, 그로부터 4개월이 지났다. 복학해서 학교를 열심히 잘 다니고 있는 중에 권사님으로부터 카톡이 왔다.

"수빈 형제, 잘 지내죠? 수빈 형제를 위해 기도하다가 한 권사님이랑 이야기를 나누게 되었는데 그 권사님께서 수빈 형제를 위해 후원하고 싶다고 하시네요. 계좌번호 좀 알려줄 수 있나요?"
"네? 계좌번호요? 저는 그 권사님의 이름도, 얼굴도 모르는데요……."
"괜찮아요. 권사님은 이름과 얼굴이 드러나길 원치 않으셔서요. 그냥 계좌번호만 알려주면 될 것 같아요."
"그래도 그건 좀 아닌 것 같아요. 권사님. 그러면 제가 너무 죄송해서요……."
"수빈 형제, 이건 권사님의 원칙이기도 해요. 권사님은 이름과 얼굴이 드러나지 않고, 이걸 통해 온전히 하나님만 영광 받길 원하시거든요."

"그렇다면 할 수 없지만……. 진짜 알려드려도 괜찮은 걸까요?"

"권사님께서 수빈 형제가 졸업할 때까지 매달 소정의 장학금을 후원해주시겠다고 하시네요."

"네. 그럼 염치불구하고 알려드리겠습니다. 제 계좌번호는 국민은행 XXXXXX-XX-XXXXXX입니다."

"그대로 전달할게요. 그럼 다음 달부터 입금될 거예요. 건강하구요."

"네. 감사합니다. 권사님."

4개월 만에 권사님께 연락이 와서 몹시 반가웠는데 생전 처음 이런 연락을 받아서 굉장히 당황스러웠다. '이걸 어떻게 하면 좋지?', '정말 받아도 되는 건가?' 싶었는데 다음 달 25일에 정말 이름도, 얼굴도 모르는 권사님으로부터 장학금이 들어와서 놀란 마음을 가라앉히고 연결시켜준 권사님께 바로 연락을 드렸다.

"권사님, 정말 장학금이 들어왔어요. 정말 감사합니다. 그런데 제가 정말 받아도 되는 걸까요?"

"그럼요. 수빈 형제의 그 귀한 꿈을 위해 하나님께서 보내주시는 장학금이니 편하게 받으세요. 앞으로 수빈 형제가 졸업할 때까지 매달 25일에 장학금이 들어갈 거예요."

"권사님, 정말 감사합니다. 이를 어찌 갚으면 좋을까요?"

"갚는 건 됐고요. 하나님께만 영광 돌리고, 감사기도 드리면 좋을 것 같아요."

"네. 알겠습니다. 권사님. 정말 감사합니다."

정말 감사하게도 졸업할 때까지 매달 25일에 장학금이 꼬박꼬박 들어왔고, 덕분에 용돈 걱정 없이 학업에만 매진하게 되어 좋은 성적으로 졸업할 수 있게 되어 다시 한 번 권사님께 감사 인사를 드렸다.

"권사님. 덕분에 정말 좋은 성적으로 졸업할 수 있게 되었습니다. 응원해 주시고, 기도와 재정으로 후원해주셔서 정말 감사합니다! 저 후원해주신 권사님께도 감사 인사드리고 싶은데 알 수 있을까요?"
"축하해요. 수빈 형제! 그런데 권사님 연락처 알려주는 건, 수빈 형제가 아무리 졸라도 안 돼요. 나중에 결혼하면 한 번 더 연락하라고 하시는 것 말고는 따로 말씀이 없으시네요."
"아, 그렇군요. 그럼 제가 받은 이 은혜를 어떻게 갚으면 좋을까요?"
"수빈 형제가 해야 할 일은 딱 하나예요. 하나님께 영광 돌리고, 감사기 도 드리는 것! 그거면 돼요."
"네. 알겠습니다. 권사님. 정말 감사합니다."

믿어지는가? 이 영화 같은 일이 나에게도 펼쳐졌다는 게……. 솔 직히 말하면, 아직도 꿈만 같다. 하나님께서 내 머리카락 한 올 한 올까지도 헤아리고 계시는 분이라는 건, 머리로는 이미 잘 알고

나답게, 행복하게 살고 싶어

있었는데 이렇게 직접적으로 사람을 통해 공급해주시는 걸 경험하고 나니 아버지 하나님께서 내 삶을 완전히 통치하고 계시다는 고백이 절로 나왔다.

마치, 주님이 내가 걸어가고 있는 이 방향이 맞다고 응원하며 지지해주는 것만 같았다. 세상의 환난 풍파가 몰려온다 해도, 주님이 언제나 내 삶을 지켜 보호하고 계시고, 필요하면 주님의 사람을 통해 도움을 주실 거라는 것을 이미 경험으로 알고 있기 때문에 결코 두렵지 않았다.

프랑스에서 만난 형을 통해 권사님을 만나게 해주시고, 그 권사님을 통해 사랑과 은혜를 온몸으로 경험하게 하신 이 경험은 훗날 내가 누군가에게 재정을 흘려보낼 때 한 치의 고민도 없이 플로잉(Flowing) 할 수 있게 하는 원동력이 되었음은 두말할 나위가 없다. 넘치지도 부족하지도 않게 적절하게 채워주시는 주님을 이미 다 경험했기 때문이다!

당신의 비전을 믿음으로 선포하라! 믿음의 말을 선포함으로 기적을 일으키실 하나님을 기대하라! 그렇게 실수가 없으시고 신실하신 하나님만 신뢰하며 나아갈 수 있었으면 좋겠다. 주님께 내 삶을 완전히 맡겨드리면 주님께서 200% 완벽하게 다 책임져 주신다!

"더도 덜도 말고 생활에 필요한 만큼의 양식을 주십시오. 제가 너무 배부르면 제 힘으로 그렇게 된 줄 알고서 '하나님? 누가 그분이 필요하대?' 하고 말할 것입니다 또한 제가 가난하면, 도둑질을 하여 하나님의 이름을 욕되게 할까 두렵습니다." (잠 30:8-9, 메시지Message 성경)

16 / 공동체의 중요성 : 빨리 가려면 혼자 가고, 멀리 가려면 함께 가라

사람이 살아가다 보면 누구나 터닝 포인트, 즉 전환점을 기회로 만들어낼 수 있는 때가 있다. 내 인생에는 총 3번의 터닝 포인트가 있었다. 첫째는, 고1 때 교회 선생님으로부터 선물 받은 책을 통해 쓸모없는 삶인 줄 알았던 내 삶 가운데 내가 살아야만 하는 이유, 즉 '비전'이 생긴 것, 둘째는, 군대 때 '평생감사'하며 살기로 작정하고, 삶을 대하는 태도가 '불평 · 불만(-)'에서 '감사(+)'로 완전히 바뀌게 된 것, 그리고 셋째는 지금 이야기할 〈청년자기다움학교〉에서 나의 명확한 사명(Mission), 그 사명을 달성하기 위한 흔들리지 않는 확고한 비전(Vision), 그리고 그 비전을 실현하기 위한 나의 핵심 가치(Core Value)를 정립하며 자기답게, 탁월하게, 선한 영향력으로 살아가고자 하는 귀한 신앙 공동체를 얻게 된 것이다.

나답게, 행복하게 살고 싶어

내 삶의 3번째 터닝 포인트가 된 〈청년자기다움학교〉는 '누구나 다 자기다워야 한다'는 슬로건 아래 자신의 내면을 들여다보고, 내가 하는 일에 의미와 가치를 부여하고, 세상 속에서 선한 영향력으로 살아가도록 돕는 학교이다.

대학졸업을 앞두고, 주님이 내게 주신 사명을 이루기 위해 어떤 직장에 취업해야 되는지를 기도하고 고민하던 중에, 때마침 선배로부터 전화가 걸려왔다. "수빈아, 잘 지내지? 너에게 딱 맞는 프로그램이 있는데 한 번 해보지 않을래?" 한국대학생선교회(Campus Crusade for Christ, 이하 CCC)를 통해 알게 된 선배는 나를 만날 때마다 맛있는 밥을 사주고, 하나님 말씀을 잘 전해주며, 늘 나를 위해 기도해주던 선배였기에 평소 선배에 대한 신뢰가 두텁게 쌓여 있던 상태였다. "선배는 언제나 제게 좋은 것만 주잖아요. 선배가 하자는 걸 제가 어떻게 거절하겠어요. 어떤 프로그램인지 한번 들어보고 싶네요." 그렇게 선배를 통해 〈청년자기다움학교〉에 대해 알게 되었고, 사회생활을 먼저 시작한 선배로부터 졸업하고 회사에 취직하고 나면 '나에 대해 탐구할 수 있는 시간'이 거의 없다는 말에 한 치의 고민도 없이 하겠다고 대답했다.

그렇게 들어간 〈청년자기다움학교〉 공동체! 이 공동체에선 수강생들을 '보배(Treasure)'라고 부른다. 이유를 알고 보니 '한 사람

한 사람이 하나님의 형상을 닮아 창조되어 보배롭고 존귀하다'고
해서 보배로 부른다는 것이다. 그리고 보배를 섬기는 사람은 '헬퍼
(Helper)'로, 보배를 가르치는 사람은 '코치(Coach)'로 불린다.

대학생활을 후회 없이 보내기 위해 무수히 많은 대외활동들을 하
며 많은 공동체에 참여해봤지만, 〈청년자기다움학교〉와 같은 교
회나 학교 동아리가 아닌 사회에서 모이는 신앙 공동체는 낯설면
서도 반가웠다. 왜냐하면 이 공동체에서는 보배를 위해 강의해주
시고, 섬겨주시는 모든 코치 및 헬퍼들이 '손해 보려고 작정'한 사
람들처럼 보였기 때문이다(실제로, 코치 및 헬퍼는 자원봉사 형태
로 운영되고 있다).

뿐만 아니라, '자기다움으로 승부하고 선한 영향력으로 살아가라'
라는 주제로 12주 동안 강의해주시는 코치님들도 말로만 떠드는
것이 아니라 본인들이 입술로 고백한 것을 정말 자기답게, 탁월하
게, 선한 영향력을 끼치며 살고 계시는 모습들을 보면서 엄청난
도전과 자극을 받을 수밖에 없었다.

24시간을 분 단위로 쪼개어 생활하시고, 일주일 빈틈없이 꽉 찬
일정들을 정말 치열하게 살아내는 와중에도 〈청년자기다움학교〉
수업이 있는 매주 금요일마다 피곤한 내색 전혀 보이지 않으시고,

보배들에게 아낌없는 사랑을 베풀어주시는 코치님들의 모습을 보면서 코치님들을 따를 수밖에 없게 되었고, 또 진심으로 존경하게 되었다.

아프리카 속담 중에 "빨리 가려면 혼자 가고, 멀리 가려면 함께 가라(If you want to go fast, go alone. If you want to go far, go together.)"라는 말이 있다. 후회 없는 대학생활을 보내기 위해 대학생만이 누릴 수 있는 다양한 경험도 많이 해보고, 대학생활 가운데 내가 좋아하고 잘하는 일을 찾기 위해 7년이라는 시간을 고민하며 달려왔다. 대학생활 가운데 무수히 들었던 말 중의 하나는 바로 '인생이란 누군가가 정해주는 것이 아니라 스스로 선택하는 것이다. 그저 홀로 살아가는 수밖에 없다'라는 것이었다. 그래서 나는 바보같이 그게 또 정답인 줄 알고, 홀로 삶을 살아내며 경쟁에서 살아남기 위해 참 치열하게도 살았었던 것 같다. 솔직히 고백하자면, 부끄럽게도 그때 당시 나는 누군가를 짓밟으며 올라가 경쟁에서 승리하면 그게 나답게 인생을 잘 살아내는 것으로 완전히 착각하고 있었다.

코치님께서 보배들에게 누누이 얘기하는 것이 있다.

"자기다움과 자뻑은 완전히 다르다. 나의 자기다움이 공동체에 덕이 되

지 않고, 하나님께 영광이 되지 않는다면 그것은 자기다움이 아니라 자뻑이다. 나의 자기다움이 공동체에 유익하고, 하나님께 영광이 되도록 해야 한다. 다른 말로 하면, 공동체 안에서 서로 돌아보아 사랑과 선행을 베풀며, 보다 나은 세상을 만들기 위해 함께 노력해야 한다는 것이다."

어떻게 보면 굉장히 역설적이다. 자기답게 살려면 '나 개인'에게 초점을 맞춰야 할 것 같은데, 정반대로 '공동체'에 초점을 맞추라고 하니까 말이다.

그런데 한 번 곰곰이 생각해볼 문제다. 내가 제일 좋아하는 찬양 중에 '하나님의 은혜'라는 찬양이 있는데 그 찬양의 가사 중에는 '나의 나된 것은 다 하나님의 은혜'라는 부분이 있다. 내가 가진 모든 것은 다 내 것이 아니라 주님께서 주님의 나라를 위해 사용하라고 나에게 거저 주신 것이라는 의미이다. 신기하지 않은가? 하나님은 모두에게 '똑같은' 은사와 재능을 능히 주시고도 남으실 분인데 각 사람에게 '여러 가지' 은사와 재능을 골고루 나눠주셨다. 어떤 사람에게는 특별한 지식을 주시고, 사회적 지위를 높여서 직분을 갖게 하여 그것을 통해 일할 수 있게 하셨고, 또 어떤 사람에게는 물질의 복을 주셔서 많은 재물을 가지고 하나님을 위해 일할 수 있게 하셨다. 도대체 왜? 그것은 바로 하나님께서는 우리가 형제자매요, 서로 주님 안에서 화합하기를 원하시기 때문이다.

나답게, 행복하게 살고 싶어

자기다움은 결코 자뻑이 아니다. 주님은 주님 안에서 형제자매 된 우리가 서로 돌아보아 사랑과 선행을 베풀며 이 땅 가운데 하나님 나라를 완성해 나가기를 원하신다(히 10:23-25). 그렇게 주님이 원하시는 대로 믿음의 공동체 안에서 청지기 의식을 가지고, 혼자 빨리 가려고 하기보다 함께 멀리 나아갈 수 있길 간절히 소망해 본다.

"그가 어떤 사람은 사도로, 어떤 사람은 선지자로, 어떤 사람은 복음 전하는 자로, 어떤 사람은 목사와 교사로 삼으셨으니 이는 성도를 온전하게 하여 봉사의 일을 하게하며 그리스도의 몸을 세우려 하심이라 우리가 다 하나님의 아들을 믿는 것과 아는 일에 하나가 되어 온전한 사람을 이루어 그리스도의 장성한 분량이 충만한 데까지 이르리니" (엡 4:11-13)

17 / 말하는 대로, 맘먹은 대로, 생각한 대로

미국 예일대학교는 1953년도에 졸업생들을 대상으로 다음과 같은 질문을 던졌다.

"지금 당신은 인생 목표를 구체적으로 적어 놓은 종이를 갖고 있는가?"

이 질문에 단 3%의 학생만이 "그렇다"고 대답했고, 나머지 97%의 학생이 "아니다"라고 대답했다. 그로부터 20년 뒤인 1973년도에 1953년도 졸업생들의 경제력을 조사했다. 그 결과 3%가 나머지 97%의 재산을 합친 것보다 더 많은 재산을 모은 것으로 나타났다.

인종이나 학력, 부모의 환경의 차이가 아니라 비전의 차이다. 기록된 비전은 자신의 미래를 만드는 힘이 있다. 비전을 가질 때 막연한 것이 아니라 글로 써서 간직할 정도로 분명하고 구체적으로 가져야 한다.

〈청년자기다움학교〉에서 오랜 시간 공들여 작성한 나의 사명선언문(Mission Statement)은 다음과 같다.

"나의 사명은 모든 청년들이 범사에 감사함으로 행복한 삶을 영위하도록 도와주는 감사컨설턴트가 되는 것이다. 나는 이 사명을 완수하기 위하여, 감동과 즐거움을 주는 강사이자 코치로서 2030년 아프리카 자기다움학교 대표가 되어 매년 300명 이상의 비저너리(Visionary)를 섬길 것이며, 2040년 국내외 자기다움학교 재단을 설립하여 세계의 청년들이 자기다움을 찾고, 세상에 선한 영향력을 끼칠 수 있도록 도울 것이다."

당신의 잠재력을 하나님 안에서 극대화시켰으면 좋겠다. 생각하고

나답게, 행복하게 살고 싶어

꿈꾸는 만큼 이루어지기 때문이다. 그리고 당신이 생각하고 꿈꾸는 것들을 사명 선언문으로 작성해서 자기 방, 가장 잘 보이는 곳에 붙여 두었으면 좋겠다. 생각하는 것과 글로 적는 것은 앞서 사례로 든 예일대 시험에서도 알 수 있듯이 엄청난 차이가 있기 때문이다. 꼭 기억했으면 좋겠다. 말하는 대로, 맘먹은 대로, 생각하는 대로 이루어진다! 그러나 주의해야 될 한 가지가 있다. 비전과 야망은 경계해야 한다. 존경하는 이재철 목사님께서 쓰신 책, 『비전의 사람』에는 다음과 같은 비전에 관한 기도문이 나온다.

"비전이 없으면 방자해집니다. 망상을 좇으면 패가망신합니다. 야망의 노예가 되면 자신과 타인을 동시에 해치는 흉기가 됩니다. 우리는 반드시 비전의 사람이 되어야 합니다. 오직 하나님을 비전으로 삼으십시오. 자신에게 주어진 삶의 현장에서 그분을 비전으로 삼아, 지금 자신의 눈앞에 있는 자에게 섬김과 봉사를 다하는 진정한 크리스천, 참된 목사가 되십시오. 그때 우리의 생이 다하는 날, 이 땅에 남아 있는 자들이 우리의 마지막 장도를 박수로 환송해 줄 것입니다. 아니 그 순간, 하늘나라로 입성하는 우리를, 우리의 아버지이신 하나님께서 당신의 박수로 친히 맞아주실 것입니다."

비전이 없었을 때의 나는 쓸모없는 사람에 불과했다. 왜 살아야 되는지, 왜 공부를 해야 되는지, 도무지 그 이유를 알 수가 없었기 때문이다. 주어진 하루하루를 생각하는 대로 살기보다 사는 대로 생각하기에 급급했다. 비전이 아닌 야망을 쫓았을 때의 나 또한 쓸모없는 사람에 불과했다. 나의 사리사욕을 채우기 위해 소중한 내 가족과 이웃들의 희생을 당연시 여겼기 때문이다. 그러나 내 인생의 결코 우연이 아닌 일련의 선택들을 통해 하나님께서 내게 주신 나의 비전을 발견하게 하셨고, 하나님 안에서 쓸모 있는 사람으로 거듭나게 하셨다. 이처럼 모든 사람은 모래알 속에 숨겨진 진주처럼 자기 안에 숨겨진 자기다움을 발견하여 반드시 비전의 사람이 되어야 한다.

'정말 내가 꿈꾸는 대로 살아갈 수 있을까?'

여기까지 읽어도 확신을 갖지 못하는 당신에게 말해주고 싶다. 10년 전의 모습과 10년 후의 모습을 동시에 상상해보라고 말이다. 10년 전에 상상하던 당신의 모습이 현재의 당신의 모습일 테고, 현재, 10년 후를 상상하는 당신의 모습이 10년 후의 당신의 모습일 테니 말이다.

10년 전, 아름답고 찬란한 미래를 꿈꾸던 당신은 현재 당신의 모습에 만족하고 있는가? 그렇지 않다면 그 이유는 무엇인가? 아름답고 찬란한 미래를 맞이하기 위해선 당신은 무엇을 해야 하는가?

　　　　　　　　　　나답게, 행복하게 살고 싶어

이 질문에 관한 답으로 현대 경영학의 아버지 피터 드러커는 이런 얘기를 했다. "미래를 예측할 수 있는 가장 좋은 방법은 미래를 창조하는 것이다(The best way to predict the future is to create it.)"라고 말이다.

그렇다. 우리가 꿈꾸는 삶을 살아가기 위해선 우리가 가진 재능, 시간, 물질을 현재 우리의 미래를 창조하는데 써야 한다. 그 시작이 바로 당신의 인생 목표를 구체적으로 적어놓는 '사명선언문 (Mission Statement)'인 것이다.

10년 전, 내가 우연히 선물 받은 책 한 권으로 인생이 바뀌었던 것처럼, 당신에게 이 책이 그렇게 될 수 있기를 간절히 소망한다.

"하나님을 사랑하는 자
곧 그 뜻대로 부르심을 입은 자들에게는
모든 것이 합력하여 선을 이루느니라"

(롬 8:28)

PART 2

두려움으로 살아오던 청년, 박예은

공감전문가 **박예은** 이야기

당신은 지금도 충분히 잘하고 있습니다

요즘 베스트셀러가 된 책 중에는 상처받지 않는 방법, 자기 자신을
지키는 법, 자존감 등에 관한 책들이 많이 있다. 그만큼 많은 사람
들이 다양한 관계에서 상처를 받고, 자신이 좋아하는 것을 하기보
다 하루하루를 그저 힘겹게 살아가고 있다는 뜻이 아닐까 싶다.

사실 힘들 때는 누군가로부터 충분히 잘하고 있다는 이야기를 듣
고 싶어 한다. 지금 내가 서 있는 곳에서 내가 하는 것들이 결코,
잘못되지 않았음을 확인받으며, 안심하고 싶어 한다.
그 방법으로 위에 기록한 종류의 책들을 사는 방법도 있다. 나의
힘듦을 알아주고, 응원해주고, 위로해주는 제목과 내용의 책들을

보면 마치 나에게 하는 말 같고 결국엔 그 책들을 사게 된다. 그 저자가 나를 알지 못하고, 나도 그 저자에 대해서 잘 알지 못하지만, 그 책을 통해서 내가 가지고 있는 문제가 오롯이 나만 가지고 있는 문제가 아니었음을 알게 되고 그것을 통해 위로를 받게 된다.

하루하루 바쁘게 정신없이 살다보면 결국엔 나를 잃게 되는 경우가 많다. '나'라는 사람 대신 나를 둘러싸고 있는 여러 환경들에 맞추어 살아가고 있는 내 자신을 발견하게 된다. '자기답게' 사는 것은 결코 쉽지 않다. 때론 복잡하게 생각하고 싶지 않아 그저 살아지는 대로 대충 살고 싶은 마음이 들 때도 있다. 나 또한 그러했다. 내 앞에 놓인 여러 선택들 앞에서 나는 '나'에게 집중하기 보다는 나를 둘러싼 환경에 의해 살았던 것 같다. 그렇게 지내왔던 나의 지난 삶들을 통해 나의 '자기다움'에 대한 갈망은 더욱 깊어져 갔다. 나의 삶에 대해 후회하는 마음을 가지기도 했다. 하지만 지금에 와서 생각해 보면 그 삶 중에서 나에게 불필요한 시간은 없었다. 하나님은 가장 필요한 시간을 내게 허락하셨고, 그 시간을 통해 '자기다움'이라는 값진 보물을 발견할 수 있게 하셨다.

지금 이 책을 읽고 있는 여러분의 마음 한편에도 '나'라는 사람에 대해 제대로 알고 '자기답게' 살아가고 싶은 마음이 있을 것이라 생각한다. 어떤 사람은 지금 그렇게 살아가고 있을 수도 있고, 혹

다른 사람은 그렇게 살아가기 위한 준비단계 가운데 있을 수도 있다. 결코 쉽지 않은 고민일 것이고, 때론 그 고민으로 더 복잡한 삶을 살아가고 있을 수도 있다.

그 무엇이 되었든 각자가 모두 다른 모습이지만 '자기답게' 살아가기 위해 노력하고 있고, 그 방법 중 하나로 지금도 이 책을 읽고 있는 여러분의 삶을 응원하는 바이다.

나 또한 자기다움을 찾기 위해 고군분투했던 시간들을 여러분들께 나누려고 한다. 나의 이야기를 통해 마음속 깊이 가지고 있는 여러 고민과 어려움에 대한 공감과 위로, 응원의 메시지가 전달될 수 있기를 바란다. 그래서 이 이야기를 읽고 있는 여러분이 결코 혼자가 아님을 이야기 하고 싶다. 외로움 보다 공감과 위로받음을, 두려움 보다 자신감을 얻을 수 있었으면 좋겠다.

지금까지 충분히 잘 해왔고, 잘하고 있고, 잘할 것임을 이야기 하며 나의 이야기를 조심스레 꺼내보고자 한다.

01 / 목사님 딸로 살아남기

나의 출생 배경이 나의 삶에 꽤 큰 영향을 끼쳤는데, 나는 목회자 가정에서 태어나고 자랐다. 왜 그런지는 잘 모르겠지만, 목회자 가정에서 태어나고 자랐다고 하면 대부분 선입견이 있는 것 같다. 매일 말씀 묵상하고, 뜨겁게 찬양하고, 열렬히 기도하며, 모든 집 안의 규율을 성경 말씀 안에서 해결해야 할 것만 같다는 것이다.

목회자 자녀는 '모'아니면 '도'라는 이야기가 있다. '아주 신앙적으로 잘 컸거나, 삐뚤어졌거나 둘 중 하나'라는 이야기이다. 다행히도 나는 '도'는 아니었던 것 같다. 그렇다면 과연 '모'였을까? 글쎄, 잘 모르겠다. 부모님 속을 크게 썩이지 않고 자라기는 했지만, '목회자 자녀'라는 단어가 주는 이미지 때문에 신앙적으로 성숙하지 않은데 사람들의 기대에 부응하기 위해 성숙한 척하며 살았던 것 같다. 그러면서 애매한 눈치만 더욱 늘어갔다. 눈치 100단으로 빠릿빠릿하고 센스가 있었다면 얼마나 좋았을까. 하지만 어린 시절의 나는 그 정도까지는 아니었어도 70단 정도의 눈치를 보유하고 있었던 것 같다. 그만큼 내 모습 있는 그대로 살아가지 못하고, 남 신경 쓰며 눈치를 보며 살아갔던 것이다.

때론 억울한 것도 참고 넘겨야 하는 경우가 많이 있었다. 만약 조금이라도 모난 모습이 보이게 되면 "목사님 딸인데……."라는 말로 나를 평가하는 사람들이 있기 때문이다. 어린 나이에 그런 주변의 시선과 평가를 받아들이기란 결코 쉽지 않았다.

그렇게 몇 해의 시간이 지났을까? 감사하게도 지금은 내가 목회자 가정에서 태어난 것을 정말 큰 축복으로 생각할 수 있게 되었다. 믿음을 지키기 어려운 이때 말씀에 조금이라도 더 민감하게 반응할 수 있고, 가정 안에서 신앙적인 도움을 받을 수 있기 때문이다.

모든 것에 일장일단이 있듯이, 목회자 가정에서 태어난 나도 마찬가지였다. 목회자 자녀라서 좋은 것도 있었고, 좋지 않은 것도 있었다. 이러한 과정과 여러 환경적인 요인들을 통해 나는 사람들에게 보이는 것을 매우 중요하게 생각하게 되었고, 타인으로부터 좋은 평가를 받는 것에 굉장히 집착하게 되었다.

내가 지금 가지고 있는 나의 특성들에 대해 어떤 부분은 만족하지만, 어떤 부분은 만족하지 못하는 부분이 많다. 앞서 얘기했듯이, 누군가의 평가에 굉장히 집착하는 것이 나를 힘들게 할 때가 정말 많았다. 그렇게 힘이 들 때면, 처음에는 '내가 왜 이러지?'라는 생각과 함께 나를 질책할 때가 많았다. 하지만 이제는 나의 이전 삶을 돌아보고, 내가 이런 생각을 가지게 된 이유에 대해 곰곰이 생각해보게 되면서 '나의 지금의 모습은 충분히 그럴 수 있구나. 그리고 지금 내가 노력하고 있는 부분들은 최선을 다하고 있는 것이구나!'라는 것을 비로소 깨닫게 되었다. 이처럼 내 모습 그대로 나를 인정하고, 스스로 격려해주는 것이 가장 나답게 살아갈 수 있는 첫 번째 과정이라고 생각한다.

02 / '나'는 특별하지 않아

어린 시절의 나는 과연 어떤 사람이었을까? 목회자 자녀라서 남들의 눈치를 살피느라 소심했을 것 같은 나는 의외로 밝고 명랑한 성격의 소유자였다. 사람들과 불편함 없이 지내는 사람이었다. 그리고 사람들에게 편안함을 주기 위해 항상 노력했기에, '함께 있으면 편안한 사람'이라는 평가를 받곤 했다. 하지만 한편으론 나의 내면은 제대로 지키지 못했던 것 같다. 누군가를 편안하게 해주고 행복하게 해주기 위해 노력하다 보니 나의 평안과 행복은 자연스레 뒷전으로 밀리게 되었다. '관계가 틀어지면 모두 다 내 잘못'이라고 생각할 정도로 관계에 매우 약한 사람이었고, 그렇다 보니 주변 사람의 말에 큰 영향을 받기도 했다.

무엇인가를 결정해야 할 때면, 나의 생각보다는 타인의 생각을 물어보고 그대로 따라가는 경우가 많았다. 사실, 내 생각 자체에 자신감이 없었고, 내 선택에 대한 후회가 남을 것이 두려웠기 때문이었다. 또, 누군가의 칭찬에는 자존감이 정말 업(up)되었지만, 누군가의 비판에는 자존감이 한없이 다운(down)될 정도로 나약한 자존감을 가지고 있었다. 가장 불안했던 시기는 청소년 시기였던 것 같다. 친구들과의 관계에 집착하기 시작하면서 관계가 깨지는 것에 대한 불안감이 항상 존재했었고, 그렇다보니 친구들과의 관계에서도 전전긍긍하며 하루하루를 보내게 되었다.

뿐만 아니라 내 안에는 자격지심도 많은 부분을 차지하고 있었다. 내가 하지 못하는 것을 누군가가 잘했을 때는 자존심이 상했다. 나는 끊임없이 나와 타인들을 비교하며 내적 전쟁을 치루며 살아왔다. 나는 대부분의 영역들에 대해 자신감이 부족했고, 그렇다 보니 내가 무엇을 좋아하고 잘하는지 그렇게 깊게 고민해보지 못했던 것 같다. 그저 사람들이 나를 필요로 하는 곳에 갔고, 아무리

나답게, 행복하게 살고 싶어

힘들어도 사람들에게 받는 칭찬과 피드백을 통해 스스로를 옳다고 정의하곤 했다. 그렇게 시간이 흘러 어느덧 고등학교 3학년이 되었고, 나의 진로를 내가 직접 고민하고, 선택해야 하는 시기가 성큼 다가오게 되었다.

03 / 짧은 고민과 진로결정

그때 나는 평소에는 잘 해보지 않는 고민을 했다. 바로, '내가 좋아하고 잘하는 일이 무엇일까?'라는 고민이었다. 어찌 보면 단순하고, 쉬워 보이는 질문이지만 그 질문에 답을 내리기란 결코 쉽지 않았다. 평소에 학교 공부에 쫓겨 그런 고민을 할 시간도 없었거니와 갑작스레 정답이 정해져 있지 않는 고민을 하려 하니 정답이 정해져 있는 공부를 하는 것 보다 더 어려웠기 때문이다.

그렇게 고민하다가 아이들을 좋아하고, 밝은 성격을 소유하고 있는 나에겐 유치원 교사가 정말 잘 어울린다는 생각이 들었다. 그때 생각했던 유치원 교사의 이미지는 굉장히 밝고, 아이들과 함께 행복한 시간을 보내는 직업이라 생각했기 때문이다. 물론, 모든 직업이 이상과 현실의 차이는 분명 존재한다. 뿐만 아니라 겉으로 보는 것과 실제로 그 일을 감당하기 위해서 해야 하는 것들은 결코 멋지거나 아름답지만은 않다는 사실도 잘 안다. 그렇다. 유아교육과는 내가 생각한 것과는 너무나도 다른 학과였다. 아이들과 단순하게 함께 시간을 보내는 그런 직업이 아닌 굉장히 섬세하고, 민감하게 반응해야 하는 그런 직업이었다. 또한 학업의 양도 어마어마했기에 그것을 감당해내기는 정말 쉽지 않았다. 중간 중간 있었던 유치원, 어린이집 실습 기간에는 매일을 눈물로 지새웠던 기억이 있다. 학교를 다니던 도중에도 자퇴하고 싶다는 이야기를 부모님께 여러 번 했던 것 같다. 지금 생각해보면, 제대로 나에 대한 고민 없이 진로를 선택했기 때문에 나의 전공에 대한 깊은 애정이 없었던 것 같다.

04 / 갑작스러운 해외선교?

그렇게 학과 생활을 힘들게 하던 중, '과연 나는 무엇을 하고 있는 것인가?', '이렇게 힘들게 학교를 계속 다니는 것이 맞을까?' 하는 질문들이 내 머릿속을 가득 채웠다. 누군가 "예은아, 그냥 자퇴해! 그래도 괜찮아!"라고 이야기했다면 나는 바로 자퇴를 했을지도 모른다. 그러던 중, 대학교에서 활동하고 있었던 기독교 동아리에서 방학 동안 C국으로 단기선교를 다녀올 기회가 있었다. 대학 생활에 대해 힘듦이 가득했기에 보상을 받고 싶다는 생각뿐이었다. 비교적 가벼운 마음으로 단기선교를 결심하게 되었다. 그렇게 비교적 가벼운 마음을 가지고 C국으로 떠났다. 그렇게 C국에 도착하여 사역할 곳으로 가니 그곳은 결코 내가 생각했던 곳이 아니었다. 나는 그저 그곳에서 아무것도 할 수 없는 이방인이었다.

갑자기 나는 두려움이 밀려오기 시작했다. 선교라는 목적을 가지고 왔는데 이렇게 낯선 곳에서 과연 내가 할 수 있는 것이 무엇일까? 라는 두려움이었다. 마치 가나안 성을 정탐하고 온 정탐꾼들이 '자신들은 가나안 사람들에 비하면 메뚜기와도 같다'라고 이야기한 것과 비슷한 느낌이었다.

그럼에도 불구하고 선교를 하러 갔기 때문에 함께 간 한국 친구들과 매일 캠퍼스로 나가서 친구를 사귀었다. 그렇게 몇 명의 친구를 사귀고, 전도 축제와 비슷한 복음을 전하는 파티에 초대했다. 파티가 끝난 후, 내가 초대했던 친구 한 명이 나에게로 다가와 물었다. "너는 예수님을 언제부터 믿었어?"라고. 그래서 나는 "나는 엄마 뱃속에 있을 때부터 교회에 다녔고, 지금까지 쭉 예수님을 믿고 있어"라고 영어로 설명해주었다. 그러자 그 친구가 속상하다는 표정을 지으며 "나는 나를 위해 죽어준 예수님을 지금까지 모른 채 살아왔고, 지금에서야 알게 된 것이 너무 속상해"라고 이야기하는 것이다.

그 순간, 나는 C국이 '창살 없는 감옥'이라는 생각이 들었다. 웅장한 크기에 압도되어 이곳에서 무엇을 할 수 있을까? 생각했던 C국이 그저 크기만 커다란 감옥과도 같았다는 생각을 하게 되었다. 우리나라에서는 종교의 자유가 실제적으로 보장되고, 길거리에는 예수님을 믿으라며 복음을 전하는 사람들이 매우 많지 않은가. 그리고 한국에는 교회도 굉장히 많다. 그렇게 우리에게는 아직 믿지 않는 사람들에게도 비교적 자연스럽던 복음이 C국에서는 매우 찾아보기 힘든 사막의 오아시스와도 같은 것이었다. 예수님이 나를 위해 죽으셨음을, 죄 사함을 통해 새로운 피조물이 되어 살아가게 되었음을 알고 있음에도 나는 결코 그것에 감사하지 못했다. 그저 세상과 비교했을 때 만족스럽지 못한 나의 모습에만 초점을 맞춰 불평과 불만 속에 살아왔던 것이다. 그 친구의 한 마디에 학교에서의 불평불만 가득 하던 지난 시간을 떠올리며 너무나도 부끄러웠고, 하나님께 죄송한 마음은 쉽사리 사라지지 않았다.

학과에서 너무나도 불안정한 상태로 살아가던 내 모습이 떠오르면서 두 가지 생각이 들었다. C국에서 받은 은혜를 생각하며 내 인생에서 1년 정도를 온전히 하나님의 사역을 위해 쓰임 받고 싶다는 생각과 함께 현실적이면서 솔직한 마음으로 1년 정도를 전공에 대한 진지한 고민을 하는 시간으로 사용하고 싶었다. 전공에 대한 불확실한 마음과 힘든 학교생활에 대한 불안정감도 있었기 때문이다. 그렇다고 현실에 대한 불안감이 없었던 것은 아니다. 유아교육학과에서는 휴학을 하는 학생은 거의 없다. 한 학년에서 휴학을 하는 사람은 손에 꼽힐 정도다. 그래서 교수님께 휴학 이야기를 꺼냈을 때 굉장히 반대를 하셨다. 그리고 또 한편으로는 선교를 위해 준비해야 하는 비용이 적지 않았기 때문에 '그 큰돈을 과연 모을 수 있을까?' 하는 두려운 마음도 있었다. 이러한 두 가지 마음을 가지고 기도하던 중, 하나님은 사마리아 여인의 말씀을 통해 마음의 확신을 주셨다.

해가 가장 높이 뜨고, 가장 더운 시간대에 물을 뜨러 갔던 사마리아 여인이 예수님을 만나게 된다. 예수님은 그 여인이 가지고 있는 여러 아픔을 알고 계셨고, 진정한 복음을 그 여인에게 전하신다.

복음을 들은 후의 여인의 반응을 통해 내가 해야 하는 액션에 대해 정확하게 알 수 있게 되었다. 복음을 들은 사마리아 여인은 자신이 힘들게 가지고 온 물동이를 단숨에 버려두고 동네로 달려간다. 자신에게 중요하다고 생각한 것이 복음 앞에서 결코 중요하지 않게 된 것이다. 그리고 그 동네로 들어가 사람들에게 복음을 전하기 시작한다.

이 모습이야 말로 복음을 접한 사람의 참 모습이다. 복음의 진리를 알게 되었다면 그것을 혼자서 꽁꽁 숨겨 놓고 혼자서만 안다는 것은 결코 옳은 일이 아니다. 그리고 그 복음을 알게 되었다는 기쁨을 주체하지 못하는 것 또한 당연한 것이다. 나 또한 C국에서 만난 그 친구 덕분에 익숙함에 속아 소중함을 잃어버렸던 복음에 대해 다시 한 번 더 생각할 수 있는 계기가 되었다. 나를 위해 죽으신 예수님이 계심을, 그리고 지금도 그 예수님이 살아계심을 다시금 깨닫게 되었다. 그리고 무엇보다 진로와 방향성에 대해서 제대로 고민해보고, 온전히 하나님께 집중해서 하나님 안에서 그 답들을 찾아가고 싶은 마음이 더욱 확실하게 자리 잡게 되었다. 그래서 나는 나의 여러 두려움들을 내려놓고 1년의 C국 선교를 결심하게 된다.

05 / 거대한 C국, 그보다 크신 하나님

C국 선교를 다짐하고, 그렇게 나는 1년의 준비과정을 통해 2015년 8월 C국으로 떠나게 된다. 처음 도착한 C국은 단기선교 때와는 사뭇 다른 느낌으로 내게 다가왔다. 3주 정도 머무를 곳이 아닌 이제 앞으로 1년이라는 기간 동안 살게 될 곳이라 생각하니 기분이 다르다. 기대가 되면서도 무서웠다.

우리(함께 선교를 떠난 팀)의 하루 일정은 오전에 학교를 가서 현지 언어를 배우고, 오후에는 캠퍼스에 나가서 친구들을 사귄다. C국 친구들과 함께 관계를 쌓고, 같이 점심을 먹기도 한다. 처음엔 정말 현지 언어를 하나도 몰랐기 때문에 손짓, 발짓, 온갖 바디랭귀지를 다 써가면서 현지 친구들에게 말을 걸었다. 그런데도 정말 신기한 것은 C국 대학생들과 친구가 되고, 그 친구들에게 직접적으로 복음을 전할 수 있는 기회가 이어지곤 했다는 것이다! 사실, C국은 법률상으로는 종교의 자유를 외치고 있지만, 실상은 전혀 그렇지가 않았다. 기독교를 심하게 핍박하며 나라에서 인정해준 교회가 아니면 공식적인 예배조차 드리지 못하게 했다. 정부에서 인정해준 교회에서 복음을 전하는데 있어서 제한되어있는 부분이 정말 많았다. 한국과는 너무나도 다른 모습이다. 이러한 환경에서 현지 친구들에게 복음을 전한다는 것은 정말이지 너무나도 위험하고, 어려운 일이었다.

그렇게 8개월이라는 시간이 흘렀을 때 쯤, 나는 2년 전, 처음 단기선교로 C국에 왔을 때, 느꼈던 기분이 다시금 떠오르게 되었다. '과연 이 낯선 나라에서 내가 할 수 있는 것이 무엇일까?'라는 생각이었다. 그리고 그 팀 안에서 '나는 어떤 역할을 할 수 있을까?'라는 물음이 있었다. 왜냐하면 우리 팀원들은 모두 현지 제자가 생겼고, 그 친구들과 함께 성경공부를 진행하고 있었다. 중요한 것은 나만, 나만 함께 성경공부를 하는 친구가 없었던 것이다. 그때부터 나는 내 안에 비교의식이 생기기 시작하면서, 팀 안에서 내 역할을 쓸모없는 사람인 것처럼 생각하게 되었다.

그래서 때론 방에 혼자 들어가서 이불을 뒤집어쓰고 엉엉 소리를 내면서 울기도 했다. 하나님께 원망의 기도도 많이 했었다. "하나

나답게, 행복하게 살고 싶어

님 왜 저만 못 만나게 하시나요? 오랜 시간 동안 기도했고, 준비도 했고, 많은 사람들에게 후원도 받아서 여기까지 왔는데, 그리고 매일 정말 열심히 친구들을 만났는데, 왜! 도대체 왜! 저만 제자를 만나지 못하게 하시는 거죠?"라는 기도를 하게 되었다. 그리고 '선교'라는 어찌 보면 아주 명확한 하나님의 일을 하러 왔음에도 그 과정은 결코 쉽지 않았고, 나의 내면의 불안정함과 나에 대한 낮은 자존감들을 그대로 마주했어야만 했다.

하나님께 칭찬은커녕 혼나는 느낌이었다. 단순히 현지 제자를 만나지 못한 것만 아니라 해외선교사로서 나의 존재의 이유를 찾지 못했고, 선교사로서 나는 한국과 전혀 다르지 않은 모습으로 살아가고 있다고 생각했기 때문이다. C국에서의 생활이 일상이 되다 보니 자연스레 나의 신앙과 내면의 민낯이 그대로 드러나게 되었다. 그리고 한국보다 더욱 좁은 사회 관계망 속에서 살아갔기 때문에 관계에 대한 나의 나약함이 더욱 잘 드러났다. '해외 선교사'라는 멋들어지는 꿈을 품고서 C국에 왔지만 현실은 멋지기는커녕 나의 못난 모습을 매일같이 마주해야 하는 어려운 환경이었다.

그렇게 9개월째가 되었을 때, 나에게도 감사한 일이 생겼다. 여느 때와 같이 매일 캠퍼스에 나가서 친구들을 만나고 관계를 쌓아가며 지내고 있었다. 그렇게 만난 친구들을 파티에 초대해서 복음을 전했다. 그러던 중, 갑자기 1주일 동안 2명의 제자가 생기게 된 것이다! 9개월 동안 생기지 않았던 제자가 1주일 만에 2명이나 생긴 것이다. 정말 신기하게도 두 친구 모두 기독교에 대한 관심이 매우 많았고, 성경공부에 대한 열의도 있는 친구들이었다. 그렇게 함께 성경공부를 하면서 그 친구들은 예수님을 영접할 수 있게 되었다. 9개월째에 만났다고 하면 그 친구들과 실제적으로 함께 한 시간은 겨우 2~3개월 남짓이다. (방학 때는 친구들이 집으로 돌아가기 때문에) 1년의 시간에 비하면 실제로 성경공부를 통해 복음을 전했던 시간은 굉장히 짧았던 것이다. 이에 대한 아쉬움이 너무 많다. '조금 만 더 빨리 만났더라면 좋았을 텐데……'라는 생각들을 정말 많이 했다. 하지만 하나님은 그 시간을 명확하게 사용하셨고, 그 시간을 통해, 그리고 나를 통해 그 친구들에게 진정한 복음을 깊이 전하게 하셨다.

나는 1년이란 시간을 채우고 한국으로 돌아왔다. 돌아오기 전에는 다음 선교팀에게 C국 제자들에 대한 인수인계를 해주었다. 그 이후 소식을 들어보니, 두 친구 중 한 명은 지속적으로 공동체에서 훈련을 받고 있다는 기쁜 소식을 들을 수 있었다. 물론, 1년의 과정 중에서 제자를 아예 만나고 오지 못하는 경우도 많다. 특히나 C국 같은 나라에서는. 그렇기 때문에 내가 9개월 만에 제자를 만난 것 또한 기적이었고, 하나님의 은혜였다.

나답게, 행복하게 살고 싶어

내게 C국은 너무나도 크고, 견고하게 느껴졌다. 그 안에서 나는 그저 힘없는 이방인일 뿐이었다. 그 안에서 내가 마주하고 있는 문제들도 마찬가지었다. 내가 가지고 있는 여러 어려움 앞에서 또한 나는 너무 무능력한 사람이었다. 마치, 성경 속에 나와 있는 여리고성처럼 무너지지 않을 것만 같았다. 하지만 하나님은 말씀 속에서 여리고성을 하나님의 방법으로 무너뜨리셨던 것처럼 이미 C국에서 그리고 나의 문제 가운데에서 하나님의 방법으로 일하고 계셨다.

여리고성은 매우 견고하고 무너지는 것이 불가능해 보이는 탄탄한 성이었다. 그 성을 무너뜨리는 방법으로 하나님은 7일 동안 그 성을 돌라고 말씀하신다. 여리고성을 그저 돌기만 하라고 하시는 하나님의 말씀은 세상적으로 볼 때, 솔직하게 이해가 되지 않고, 심지어 바보 같아 보이기까지 한다. 무기를 준비하고, 병사들을 준비시키는 것이 아닌 그저 그 성을 돌기만 하라니!

만약 그 상황에 내가 있었다면 나는 분명 불만을 토로했을 것이다. 그 이전의 나도, C국에서의 나도 여전히 그랬다. 나는 조급함이 너무 많았다. 그저 내 앞에 있는 여러 문제들과 어려움이 빨리 해결되기만을 바랐다. 어서 빨리 제자를 만나야 했고, 그래야만 선교사로서 성공했다고 생각했다. 또한 내가 문제를 해결하기 위해 기도만 하지 않았다. 아니, 다시 말하면 기도는 그저 문제를 해결하기 위한 여러 방법 중에 하나였다. 나는 내 방법으로 이것저것 해보며 문제를 해결하려 했다. 그리고 그 상황이 내 기준으로 잘 해결되지 않을 때, 하나님에 대한 원망으로 이어졌던 것 같다.

하나님의 계획에는 관심이 없이 그저 내가 원하는 것을 그대로 해 달라고 했던 것이다. 이렇게 조급함이 가득하니 그때는 몰랐지만 그 시간들을 지나와보니, 나의 모습이 이러했다.

우리는 세상의 문제 앞에서 조급해지게 되고, 우리의 생각대로 계획하고 실행하려 한다. 그리고 하나님은 그 계획에서 거들어 주시기만을 바란다. 마치 내가 제자를 달라고 생떼를 부렸던 것처럼 말이다.

그런데 말이 안 되어 보이는 이 상황 가운데 하나님의 방법대로 여리고성을 그저 돌기만 했던 이스라엘 백성들에게 믿을 수 없는, 놀라운 일이 벌어지게 된다.

"일곱째 날 새벽에 그들이 일찍이 일어나서 전과 같은 방식으로 그 성을 일곱 번 도니 그 성을 일곱 번 돌기는 그 날뿐이었더라 일곱 번째에 제사장들이 나팔을 불 때에 여호수아가 백성에게 이르되 외치라 여호와께서 너희에게 이 성을 주셨느니라 (중략) 이에 백성은 외치고 제사장들은 나팔을 불매 백성이 나팔 소리를 들을 때에 크게 소리 질러 외치니 성벽이 무너져 내린지라 백성이 각기 앞으로 나아가 그 성에 들어가서 그 성을 점령하고 그 성 안에 있는 모든 것을 온전히 바치되 남녀노소와 소와 양과 나귀를 칼날로 멸하니라" (수 6:15-21)

결국엔 그렇게 견고하던 여리고성이 무너지게 된다. 사람의 머리로는 결코 이해가 되지 않는 방법, 즉 하나님의 방법으로 여리고성은 무너지게 된다.

이 말씀을 통해 나는 나의 방법으로 C국이라는 거대한 나라를, 그리고 내가 가지고 있는 여러 문제들을 나의 힘과 생각을 동원해서 무너뜨리려 해볼 수는 있어도 결코 가능하지 않다는 것을 깨닫게 되었다. 세상의 모든 문제는 사람의 방법으로 무너뜨릴 수 없다. 오직 하나님의 방법만이 그 문제를 해결하실 수 있다.

물론, 지금도 C국은 여전히 종교에 대한 핍박이 계속되고 있다. 우리의 눈으로 바라보았을 때에는 전혀 이해가 되지 않지만 나는 하나님이 이미 그곳에서 크고 선하신 계획으로 일하고 계심을 믿어 의심치 않는다.

이렇게 1년의 해외 선교사 생활을 통해 내가 C국에 가기 전 가지고 있던 학과에 대한 고민들에 대해 어느 정도의 해답도 얻을 수 있었다. 일단은 그 어려움들을 내가 해결할 수 있는 것이 아닌 온전히 하나님의 방법으로 해결 받을 수 있는 것이라는 것. 단순히 학교생활이 편안해지고, 혹은 자퇴라는 방법을 선택하는 것이 중요한 것이 아니라, 내가 가지고 있는 문제를 온전히 하나님께 내려놓고 그것을 하나님의 방법으로 해결해주실 것을 기대하고 순종하는 것이 필요하다는 것을 깨닫게 되었다.

그래서 나는 학교생활을 다시 시작해야겠다는 다짐을 하게 되었다. 정말이지 너무 돌아가기 싫고, 두려움이 가득했지만 이전보다는 조금은 더 단단해진 나의 내면과 그리고 확실하게 나를 이끌어주실 주님을 기대했기 때문이다. 이와 같은 간증을 가지고 나는 한국으로 돌아오게 되었고, 다시 나의 학교생활은 시작되었다.

나답게, 행복하게 살고 싶어

06 / 취업과 함께 시작된 최악의 1년

첫째, 다시 시작하기

한국으로 돌아온 나는 바로 복학을 하게 되었다. 물론, 유아교육의 마지막 학기는 여전히 어려웠고, 힘들었다. 하지만 C국 선교를 통해 이전보다는 단단해진 내면으로 버텨낼 수 있었던 것 같다. 자퇴를 하고 싶어 했던 나는 감사하게도 무사히 졸업하였고, 바로 유치원 취업을 준비하게 된다.

물론, '유치원 교사를 시작해야 하나'에 대한 고민도 솔직히 있었다. 하지만 하나님이 나를 이 학과에 보내시고 졸업하게 하신 이유가 있을 것 같다는 생각이 들었다. 힘들겠지만, 그 시간을 통해서 나에게 주고자 하시는 것이 있을 것이라고 생각했다. 또한, 나는 아이들과 함께 하는 시간이 기쁘고, 행복하고, 기대가 되었기에 유치원 교사의 길을 택하게 되었다.

그렇게 졸업을 앞둔 시점에, 그 첫 번째 면접에서 바로 합격을 하게 된다. 23세에 그렇게 나는 유치원 교사가 되었다.

둘째, 지하 100m까지 내려가 보기

유치원 교사라고 하면 어떤 이미지가 가장 먼저 떠오를까? 사실 모든 직업이 다 그렇듯이 이상과 현실은 차이가 있기 마련이다. 그 직업이 안 좋은 직업이어서가 아니라 모든 직업에는 일장일단이 있기 마련이기 때문이다. 물론 유치원 교사라는 직업도 마찬가지였다. 아이들의 성장에 무엇보다 큰 영향을 끼치고, 그 성장을 눈으로 보며 큰 보람을 느낄 수 있다는 장점도 있지만, 쉽지 않은 것들도 많이 있었다.

나는 처음 교사가 되었을 때, 사회생활도 처음 시작하는 것이었기에 배워야 할 것들이 정말 많았다. 하나부터 열까지 모든 것이 다 새롭고 어려웠다. 대학교에 다닐 때 선교단체에서 캠퍼스 리더도 해보고, C국에 가서 어려운 상황 가운데 사역도 해보고, 내 삶을 조금이나마 책임져 보기도 했었기 때문에 나는 내가 어른이 다 되었다고 착각했었다. 하지만 사회에 나와 보니 어른이 아니라 몸만 큰 어린이가 된 기분이었다. 할 줄 아는 건 별로 없었지만, 책임져야 할 것은 너무나도 많았기 때문이다.

'시간이 지나면 다 해결된다'는 생각으로 버텼던 것 같다. 힘들고 지쳐서 위로가 필요할 때, 어른들로부터 "사회 초년생들은 원래 다 그래"라는 말을 정말 많이 들었던 것 같다. 아이러니하게도 어른들의 그 말은 위로가 되지 못했다. 왜냐하면, 지금 당장 내가 힘든 게 더 중요하지, 누군가 나보다 더 힘들었다는 것은 중요하지

나답게, 행복하게 살고 싶어

않기 때문이다.

그렇다면 나는 이러한 유치원 교사의 생활을 얼마나 할 수 있을까? 이렇게 시작했던 나의 유치원 교사 생활은 1년으로 마무리 되었다. 1년 만에 퇴사했다고 하면 젊은 친구들이 그저 하기 싫어서, 쉽게 포기해버리는 그런 모습이 떠오를 수 있을 것 같다. 하지만 그런 퇴사가 절대 아니었다. 그 1년이라는 시간은 나의 밑바닥을 보게 되었던 죽고 싶을 만큼 어렵고 힘들던 시간이었다.

유치원 교사를 1년만 하고 그만둔 데에는 여러 이유가 있었다. 일단 업무의 강도가 굉장했다. 주 5일 근무였지만 일이 너무 많아 실제로는 주 7일을 근무했다. 아침 8시 반에 출근하고 거의 매일같이 자정을 넘겨 퇴근하곤 했었다. 사회 초년생이기에 모르는 게 많아 당연히 남들보다 일하는 시간이 더 들기도 했지만, 그것은 결코 나만의 문제는 아니었다.

매일같이 야근하는 생활보다 더 힘들었던 것은 받을 필요 없는 비난까지 받아야만 했던 시간이었다. 내가 성장해야 하는 부분, 고쳐야 하는 부분에 대한 피드백이 아닌, 감정에 근거한 여러 비난들이 너무나도 힘들게 했다. 그리고 사실이 아닌 내용이 사람들의 가십거리로 오르락내리락 거렸고, 나중에는 그것이 사실인지 거짓인지는 중요하지 않은 채 사람들이 만들어놓은 거짓이 마치 사실인 것처럼 이야기되곤 했다.

이러한 시간이 계속되다 보니 나중에는 타인들이 이야기하는 '나'의 모습이 정말 나를 정의하는 것 같아 너무 힘이 들었다. 나조차도 나를 사랑하지 못하고, 비판하고 비난했다. 지금 와서 생각해보니 나는 사실을 보지 못하고, 오롯이 나의 잘못이라고 생각했던 것 같다. 그러니 사실이 아닌 일에 내가 사과를 하게 되고, 그로 인해 상황은 해결되기는커녕 더욱 심각해졌다. 그러다 보니 나의 내면은 찢어질 대로 찢어졌고, 그땐 정말 죽고 싶다는 생각이 들었다. 아침에 눈을 뜨는 것이 두려웠고, 길을 걷는 것, 밥을 먹는 것, 하루를 사는 것이 모두 나에게는 시험과도 같은 어려운 시간이었다. 혹자는 '뭐 그렇게까지?'라는 생각을 할 수도 있겠다. 하지만 사람마다 받아들이는 고통의 정도가 다르기 때문에 누군가에게는 그리 크지 않았을 수도 있을 것이나 나에게는 하루하루가 고통이었고, 괴로움이었다.

그렇다면 유치원 교사로서 살아가며 하나님과의 관계는 어땠을까? 평소에도 높지 않은 자존감을 가지고 있었지만, 유치원 교사로서 1년을 경험하면서 나의 자존감은 더욱 밑바닥을 찍게 되었다. 그리고 내가 나를 생각하는 만큼만 하나님도 나를 그 정도로

나답게, 행복하게 살고 싶어

생각하실 것 같았다. 그리고 솔직하게 하나님을 정말 많이 원망하기도 했다. 도대체 왜 나에게 이런 시련들을 주시고, 매일같이 비판 받아야하는 것일까? 전혀 이해가 되지 않았다. 나를 사랑하신다는 하나님이지만, 내 속에는 이런 생각이 자리 잡고 있었다. '나를 사랑하시는데 나에게 이런 시련을 주신다고? 말도 안 돼'라는 생각이 들었다. 내가 생각하고 있던 하나님은 그저 내가 원하는 것을 해주시는 분 정도로 생각했던 것 같다.

C국에서 경험한 하나님, 그 시간을 통해서 성장했다고 생각한 나의 신앙들. 이 모든 것이 그저 나의 힘든 상황에 와르르 무너지게 되었다. 나는 결코 성장한 것이 아니었다. 나는 잠시 동안 내 신앙과 내면이 단단해졌고, 성장했다고 착각했다. 그래서 이런 마음이 민망하면서도 하나님에 대한 서운함, 배신감이 들었다. 내가 이만큼 사역하고, 이만큼 하나님께 순종하면서 살았는데 나에게 돌아오는 것은 평안하고 윤택한 삶이 아닌 죽고 싶은 삶을 살게끔 하시는 하나님이 너무너무 싫었다. 사람들의 위로 또한 나에게는 길게 적용되지 않았다.

너무 힘들고 지치는 날엔 집으로 돌아가 울며 기도했다. 그리고 다음 날 아침에 다시 힘을 내 출근했지만 나의 삶을 바꿔놓지는 못했다. 다시금 반복되는 어려운 상황에 나의 신앙도 불안정하게 반복되었다.

그렇게 나는 1년의 힘겨웠던 직장생활을 마무리하게 되었다. 많은 직장인이 바라는 가장 큰 이상은 '퇴사'라고 한다. 심지어 최근에는 '취준생(취업을 준비하는 사람)'이라는 말과 함께 '퇴준생(퇴사를 준비하는 사람)'이라는 신조어까지 생겼다고 한다. 이처럼 많은 직장인이 퇴사를 준비하거나 퇴사를 실제적으로 하고 싶어 한다.

나 또한 1년의 힘겨운 시간을 보내면서 퇴사만을 손꼽아 기다렸다. 그렇게 퇴사를 하고 나서 나의 삶은 매우 행복했다. 퇴사를 하니 세상이 달라 보였다(예를 들어 아침 공기가 다르게 느껴진다거나, 하루 중 화가 날 일이 없다거나 등). 유치원에서의 생활이 너무 힘들었던 터라 아무것도 하지 않아도 모든 것이 다 즐거웠고 행복했다.

07 / 퇴사의 두 얼굴

하지만 이러한 행복은 얼마 가지 않았다. 이내 곧 불안감이 엄습해왔다. 참으로 아이러니하다. 일할 때는 퇴사만이 해답이라 생각했는데 막상 퇴사하고 나서는 불안해지다니 너무나도 어리석은 모습이 아닐 수 없다. 그때에도 이런 생각을 하긴 했었지만, 불안한 마음은 계속해서 공존했다. 내가 퇴사를 하겠다고 이야기할 때 주변 사람들에게 '나는 다른 영역에서 전문가가 될 거야!'라고 당당하게 이야기를 하고 퇴사를 했었다. 정말 다른 영역에서 하고 싶은 일이 명확히 있어서였을까? 아니다. 그것은 그저 사람들의 잔소리를 피하기 위한 일시적인 보호막일 뿐이었다. 내 안에는 확실한 길이 없었고, 그저 사람들에게 어리석게 보이고 싶지 않았기 때문에 그런 선포를 했던 것 같다.

일을 그만두고 보니 내게는 정말 아무것도 없었다는 생각이 들었다. 이직이 아닌, 이 분야에 대한 마음을 아예 접었기에 전공을 뒤로 한 채, 다른 분야로 준비를 하는 것은 정말이지 막막했다. 그렇게 한 달 정도 쉼의 시간을 가진 뒤, 나는 다시 고민하기 시작했다. '난 이제, 앞으로 뭐하지?'라는 생각을 시작으로 '괜히 그만두었나?'라는 생각까지 하게 되었다. 이 생각을 시작으로 나는 퇴사 이후 쉽지 않은 고민을 하기 시작했다.

그런데 정말 답답한 것은 아무리 고민하고 생각해봐도 내가 어떤 일을 할 수 있을지 모르겠다는 것이었다. 위에서 말했듯이 전공이 아닌 새로운 분야에서 새로운 시작을 한다는 것은 쉽지 않다. 이미 전공자들이 그 자리를 꿰차고 있거나 혹은 신입이 아닌 경력자를 뽑거나 했기에 새로운 길을 찾는 것은 매우 어려웠다.

하지만 '시간이 약이다'라는 말이 있다. 그때 당시에는 죽을 만큼 힘들었지만, 시간이 지나서 돌이켜 보니 나를 힘들게 한 모든 경험은 감사하게도 결코 버릴 것이 하나도 없었다. 그도 그럴 것이 나처럼 취업 준비와 직장생활로 인해 힘들어하는 사람들의 마음을 깊이 이해할 수 있는 공감과 위로의 마음이 생겼기 때문이다. 나는 만약 나처럼 취업 준비와 직장생활로 죽을 만큼 힘들어하는 사람을 우연히 만나게 된다면 언제든지 그 사람의 이야기에 매우 공감하며 들어줄 준비가 되어있다.

감사하는 마음과 태도를 얻게 된 것도 덤이다. 힘든 그 시간들이 있었기에 지금의 내가 있을 수 있게 되었다. 진심으로 그때 그 시간을 내게 허락하신 하나님께 너무너무 감사하다.

우리는 성경 속에서 여러 인물들이 어려움을 겪는 모습을 볼 수 있다. 대표적으로 다윗은 사울 왕에게 매일같이 죽음의 위협을 받아야만 했다. 욥은 몸이 병들고 주변의 사람들이 모두 떠나가는 아픔을 경험해야만 했다. 그렇다면 그들은 이런 시간을 겪으면서 그 시간이 하나님이 주신 훈련의 시간이었음을 진정으로 알 수 있었을까? 물론 다윗과 욥은 어려움 가운데에도 하나님을 찬양하고 하나님의 일하심을 선하게 믿었다. 하지만 이 시간을 통해 하나님이 어떤 인도하심을 계획하고 계신지에 대해서는 전혀 알지를 못했

나답게, 행복하게 살고 싶어

다. 하지만 결국엔 그 어려움과 고난의 과정이 끝난 이후 자신을 돌아보았을 땐 하나님의 인도하심으로 채워진 풍성한 훈련의 시간이었음을 인정할 수가 있다.

나 또한 그 힘든 시간을 겪을 때는 이러한 일들을 통해 하나님이 이루실 계획을 전혀 알지 못했다. 심지어 하나님을 신뢰하지 못했고, 불평·불만들을 내뱉기에 바빴다. 하지만 지금에 돌아와서 그 시간을 보니 정말 나에게는 반드시 있어야만 하는 경험이었다. 그때는 분명 아팠지만 그 시간을 통해 분명히 나는 성장할 수 있었고, 내가 얼마만큼 보잘것없고, 믿음이 부족한 사람인지 처절하게 알 수 있는 시간이었다. 그렇기에 겸손해야 함을 온몸으로 깨닫는 시간이 되었고, 내가 할 수 있는 것은 아무것도 없으며, 오직 하나님만 붙잡고 의지해야 된다는 사실을 뼈저리게 깨닫는 시간이었다.

한 번의 경험이 완벽한 성숙을 만들어 낼 수는 없지만, 지금껏 경험해왔던 다양한 시간들을 통해 나는 조금씩 성숙해지고 있음을 확신할 수 있게 되었다. 인간은 죽을 때까지 성장하고, 성숙해야 된다고 한다. 그렇기에 아직도 깨져야 하는 영역들이 많이 남아 있다. 이제껏 나를 어렵게 하고 힘들게 했던 그 시간들 또한 그 과정 중에 하나임을 이제야 비로소 인정할 수 있게 되었다.

그리고 나는 이러한 어려움의 시간을 통해 나에 대한 제대로 된 고민을 시작할 수 있게 되었다. 단순한 취업이 아닌, 그리고 돈을 벌기 위해서만 직업을 가지는 것이 아닌 내가 좋아하고, 잘하는 일을 찾고 싶었다. 돈, 명예, 권력만을 위한 직업은 내게 좋은 영향을 주지 못한다는 것을 알았기 때문이다.

물론 어떤 것이든지 직업으로 삼게 되면 항상 즐거울 수는 없다. 어떤 사람은 좋아하는 일은 그저 취미로 남겨놓으라고 하는 말처럼 내가 그 일을 통해 수익 창출을 내려 하는 순간 그것은 나의 취미가 아닌 짐이 될 수 있기 때문이다.

그럼에도 나는 내가 좋아하는 일을 하고 싶었다. 좋아하지 않는 일을 했을 때의 어려움을 누구보다 뼈저리게 경험했기 때문에 더욱 그렇게 생각했던 것 같다. 내가 보다 가치 있게 사용될 수 있는 곳이 어디인지 너무나도 간절하게 찾고 싶었다.

08 / 놓지 않으시는 하나님

그렇게 나는 나를 찾아가는 여정을 시작했다. 그 여정의 첫 번째로는 가장 먼저, 하나님과의 관계를 재정립했다. 나를 지으신 분이 하나님이시기에 하나님과의 관계가 회복되어야 진정 '나'에 대해 알 수 있을 것 같다고 생각했기 때문이다. 내가 생각하던 하나님은 나에게 힘든 시간을 주시는 분이셨다. 그리고 그 시간을 통해 나는 하나님께 실망하고 삐쳐있었던 것 같다. 나를 사랑하신다고 생각했던 하나님이 나에게 크나큰 매를 드셔서 나를 호되게 혼내시는 것만 같았기 때문이다.

그런데 나는 다시금 나를 지으신 하나님을 묵상하게 되니 내가 가지고 있던 생각이 정말 당연한 이야기이지만, 완전 잘못 생각하고 있다는 것을 깨닫게 되었다. 이를 깨닫게 된 두 가지 사건이 있다. 첫째는 지인을 통해 루쓰(LUTH)라는 가수의 〈그분은 말하시네〉라는 CCM을 추천받게 되었다. 그 CCM의 가사는 하나님이 나에게 마치 편지를 쓰신 것처럼 한 줄 한 줄 읊어져 나갔다.

〈그분은 말하시네〉
_루쓰(LUTH)

사랑하는 내 아이야
이 어두운 세상에 빛으로 너를 부르던 내 맘을 알아주겠니
작고 예쁜 네 두 눈에 가득 고여 있는 눈물을 바라보는 일
내게도 어렵구나

이 CCM의 가사가 내 마음속에 깊숙이 박혔다. 나는 내가 어려움 가운데 오롯이 나 혼자 덩그러니 남겨져 있다 생각했다. 아무리 기도해도 눈에 보이는 응답이 없고, 계속 반복되는 어려움에 내 주변에는 아무도 없다고 생각했다. 그래서 더 외로웠고 힘들었던 것 같다. 그런데 하나님은 내게 어려움의 시간을 그저 보고만 계시지 않았다. 함께 눈물 흘리셨으며 아파하셨다. 그때에는 전혀 이 부분이 인정되지 않고, 오히려 하나님이 못된 부모님인 것처럼 생각했었는데 정말 어리석은 어린아이 같은 생각이었다.

내가 잘못했기 때문에 나를 혼내기 위해서 매를 드신 하나님이 아닌 나에게 너무나도 아프지만 필요한 시간이었기에 하나님은 함께

나답게, 행복하게 살고 싶어

가슴 아파하시면서 그 시간을 나에게 허락하셨던 것이다. 이 가사를 통해 하나님의 사랑을 깨닫고 난 뒤에 되돌아보니 하나님은 내 손을 놓으신 적이 없었고, 나를 혼자 두신 적이 없다는 것을 깨닫게 되었다.

두 번째는 마태복음 7장 7-12절 말씀이었다.

"구하라 그리하면 너희에게 주실 것이요 찾으라 그리하면 찾아낼 것이요 문을 두드리라 그리하면 너희에게 열릴 것이니 구하는 이마다 받을 것이요 찾는 이는 찾아낼 것이요 두드리는 이에게는 열릴 것이니라 너희 중에 누가 아들이 떡을 달라 하는데 돌을 주며 생선을 달라 하는데 뱀을 줄 사람이 있겠느냐 너희가 악한 자라도 좋은 것으로 자식에게 줄 줄 알거든 하물며 하늘에 계신 너희 아버지께서 구하는 자에게 좋은 것으로 주시지 않겠느냐 그러므로 무엇이든지 남에게 대접을 받고자 하는 대로 너희도 남을 대접하라 이것이 율법이요 선지자니라" (마 7:7-12)

〈그분은 말하시네〉라는 CCM을 통해 하나님에 대한 마음을 회복하고 나니 위의 말씀이 내게 진심으로 와닿았다. 나에게 가장 좋은 것을 주고 싶어 하시는 하나님. 우리 부모님만 보아도 자식에게 항상 좋은 것만 주고 싶어 하신다. 예를 들면, 음식이 가장 대표적인데, 입에 쓰더라도, 맛이 없더라도, 몸에 좋은 것이라면 부모님은 우리에게 몸에 좋은 것이라며 참고 먹으라고 하신다.

육신을 가진 부모님도 이러하실진대 하물며 하나님은 어떤 마음이실까? 우리를 지으셨고 우리를 가장 사랑하시는 분이시기에 가장 최선의 것, 가장 선한 것들을 우리에게 허락하시지 않을까? 이 말씀을 통해 나에게 주어졌던 여러 시간과 어려움이 나쁜 것이 아닌 가장 좋은 것으로 주셨음을 깨닫게 되었다. 그 다음은 내가 하나님이 원하시는 것은 내가 직접 나의 입술로 구하는 것이다. 기도를 통해 하나님과 친밀하게 교제하며 하나님의 뜻 안에서 진정으로 구할 때, 하나님은 주실 것이고, 찾게 하시고, 열리게 하신다.

지금껏 나는 하나님과 진정한 교제 없이 그저 내 것을 이루어 달라고 생떼를 부렸다. 하지만 하나님이 가장 원하시는 것은 온전히 하나님의 뜻 안에서 가장 선한 것을 구하기를 원하신다는 사실이다. 하나님을 위해서가 아닌 나를 위해서. 그래서 내가 그 시간 동안 하나님께 구하고 기도했던 것은 그저 일시적인 해결책만을 바라고 그것을 달라고 졸라대던 것이다. 물론 혹자는 이렇게 생각할 수도 있겠다. '그럼 결국엔 내가 원하는 대로가 아니라 하나님이 원하는 대로 가야 한다는 거잖아'라고 말이다. 사람은 아무리 멀리 봐도 자신의 주변 환경에 의해 보이는 상황들만 볼 수 있다. 그렇기에 좁은 시야에서 제대로 된 해결책이 아닌 일시적인 해결책을 원하기도 한다. 짧게 보면 그 어려움이 해결될 수는 있지만 결국엔 다른 방법과 모양으로 다시 우리에게 찾아오기 마련이다.

나답게, 행복하게 살고 싶어

우리는 우리의 무능력함을 인정해야 한다. 내가 생각하는 것, 바라는 것이 옳은 것만은 아님을 인정하고 하나님께 겸손함으로 구하는 것이 중요하다. 나는 이러한 생각들을 전혀 하지 못했었다. 그래서 더 하나님께 등을 돌리려고 했던 것 같다. 그럼에도 불구하고 하나님은 날 버리지 않으셨고, 앞의 말씀을 통해서 다시금 내가 하나님께 돌아올 수 있도록 인도해 주셨다. 이러한 하나님의 사랑이 깨달아지고 나니 하나님께 감사하면서도 민망하고 죄송스럽기도 했다.

뒤돌아보니 하나님은 나를 결코 어려움 가운데 혼자 내버려 두지 않으셨다. 그중 가장 큰 것이 바로 사람이다. 하나님은 나의 어려움들을 감당해 낼 수 있도록 주변의 좋은 사람들을 통해 계속해서 일러 주셨다.

일하면서 너무 힘들었지만 그래도 버틸 수 있었던 이유는 주변에 좋은 동료들을 허락해주셨기 때문이다. 그리고 내가 신앙적으로 무너지고 모든 것을 내려놓고 싶어 할 때 신앙의 동역자들을 통해 위로를 전달하곤 해주셨다. 내가 힘을 내서 나의 역량이 충분해서 1년을 이겨낸 것이 아니라 하나님이 나를 이끌어주셨기에 1년이라는 시간을 그리고 지금까지 올 수 있었음을 깨닫게 되었다.

나는 지금까지 나의 삶 속의 시간들과 이러한 깨달음을 통해 하나님은 내 삶에 없으시면 안 되는 존재이심을 다시 한 번 명백하게 인정하게 되었다. 그 다음으로 나는 '나'에 대한 재정립을 시작했다.

09 / 나는 누구인가?

나는 누구일까? 어찌 보면 너무 단순하기도 하고, 한편으론 너무 철학적인 질문이기도 하다. 나는 이 고민을 퇴사한 이후, 새로운 길을 찾기 위해서 25살에 하게 되었다.

첫 번째로 했던 고민이 바로 내가 어떤 사람인지에 대한 고민이었다. 그리고 기도했다. "하나님, 저를 지으신 목적이 무엇인가요? 저를 통해 이루고자 하시는 하나님의 계획은 도대체 무엇인가요?" 라고 하며!

그렇게 나의 고민은 시작되었다. 위에서 이야기했듯이 나는 다음 나의 진로를 그저 돈과 명예를 위해 선택하고 싶지 않았다. 내가 좋아하고, 잘하는 일을 찾아서 조금이라도 즐겁게 일을 해보고 싶었다.

다양한 책을 찾아보기도 했고, 내 주변에 신뢰할 만한 지인들과 많은 대화를 나누어 보면서 조언을 구해보기도 했다. 그리고 나와 같은 고민을 하는 청년들이 모여 있는 〈청년자기다움학교〉를 만나게 되었다. 그 안에서 치열하게 '자기다움'에 대해서 고민해보고, 세상에서 선한 영향력을 끼치며 살 수 있는 방법에 대해 공부하는 시간을 가졌다.

그렇게 나는 나의 또 다른 시작을 위해 다양한 시도를 해보았다. 고민의 시작은 가장 먼저 내가 좋아하고 잘하는 일에 대해서 찾아보는 데서 시작되었다. 내가 좋아하는 것을 쓰는 것은 엄청 쉬울 것으로 생각했다. 남이 좋아하는 것을 알아보는 것도 아니고, 내가 평소 좋아하는 것을 쓰는 것이니 금방 채워갈 수 있을 것 같았다. 그런데 이상하게도 내가 좋아하는 것을 1, 2가지 정도 쓰는 것은 어렵지 않았지만, 그것을 구체적으로 10가지 이상 문장으로 작성하는 것은 생각 외로 너무나 어려운 일이었다.

나는 대학교 때에 선교단체의 캠퍼스 리더로 있었다. 그러면서 내 생각과 느낌을 사람들과 공유하는 경우가 자주 있었기 때문에 내 이야기를 어느 정도 잘 표현하고, 쓸 수 있을 거로 생각했다. 그리고 그 시간 동안 내가 어떤 사람인지 잘 알고 있다고 생각했다.

그러나 그 생각은 오만이고, 자만이었다. 하나의 장점에 대해 구체적으로 채워 나가기 위해서는 몇 시간 동안 고민해야 했고, 그렇게 고민한 뒤에 1~2줄 채우는 것이 다였다. 내가 좋아하는 것이 무엇인지 몰랐다고는 하지만 이렇게까지 어려우리라 생각하지 못했다. 처음엔 당황했다. '응? 내가 이렇게 나를 모른다고?'라고 생각하며 말이다. 그렇게 머뭇머뭇하다가 도저히 안 되겠다는 생각이 들었다. 그래서 나는 먼저 기쁨을 느끼는 순간에 대해서 생각해 보게 되었다.

어떤 상황이 되었을 때, 무엇을 했을 때 즐거워하는지 생각해보면서 문항들을 채워 나가기 시작했다. 대단한 것이 아닌 단순하고 간단한 취미들부터 시작해 보았다. 그리고 주변에 신뢰가 있는 사람들에게 객관적으로 보았을 때, 내가 잘하는 것이 무엇인지, 어떤 영역에서 내가 더욱 자신감을 가져 보이는지에 대해 물어보면서 내가 좋아하고 잘하는 것에 대해서 하나하나 채워가기 시작했다.

나는 사람들과 함께 하는 것을 즐거워하고, 사람들에게 말로서 표현하고 나의 느낌과 생각을 전달하는 것을 매우 즐거워했다. 그리고 사람들도 나에게 말을 참 잘한다는 이야기를 자주 해주었다. 이러한 장점 말고도 소소한 취미에 대해서도 생각해 보았다. 나는 무엇인가를 꾸미고 사람들과 공유하는 것을 즐거워하고 있었다.

나답게, 행복하게 살고 싶어

뭔가 대단하고, 정말 깊게 숨겨져 있는 나만의 장점에 대해서 써야 할 것만 같았지만, 그렇게 쓰려고 하니 정말 아무것도 쓰지 못할 것 같았다. 그래서 사소한 것부터 시작해 지인들에게 듣게 된 다양한 모습까지도 하나둘씩 써 내려가기 시작했다.

그 다음으로는 의미 있다고 생각하는 것을 찾게 되었다. 그래서 내가 봤을 때, 멋있어 보이는 사람들이 어떤 사람들인지를 먼저 생각해 보았다.

첫 번째는 자신의 것을 흘려보내는 사람이다. 자신이 가지고 있는 것을 남을 돕기 위해 사용하는 사람이다. 지식이 되었든, 재물이 되었든 자신이 가지고 있는 것을 아낌없이 흘려보내는 사람이다. 두 번째는 사람들의 필요를 채워주는 사람이다. 함께 있을 때, 나의 빈 부분이 더욱 드러나는 사람이 아니라 나의 부족함과 비어있는 부분을 오히려 꽉 채워주는 사람들이 정말 멋지다는 생각을 하게 되었다.
세 번째는 말이 아닌 삶으로 보여주는 사람이다. 가장 큰 예로, 나는 사람들에게 내가 먼저 크리스천이라고 이야기하지 않는다. 일부러 숨기는 것은 절대 아니다. 그 이유는 우리 주변에는 교회에 다닌다고 이야기를 하지만 그 사람의 삶이 세상 사람들과 전혀 다를 바 없는 모습들을 보여주기 때문이다. 그러한 모습 때문에 세상은 교회에 대한 아쉬움과 불신을 가지게 된다. 그래서 나는 상대방이 먼저 내가 크리스천임을 알아주는 사람으로 살아가고 싶다. 말이 아닌 삶을 통해 타인이 인정해주는 크리스천이 되고 싶다.

위 세 가지를 다른 말로 표현하면, 내가 의미 있다고 생각하는 삶의 모습들이다. 앞서 이야기했던 내가 좋아하고 잘하는 것, 의미있고 가치 있는 삶의 모습들을 묶어서 생각해보았을 때 공통적으로 묶을 수 있는 영역은 바로 '교육'이라는 생각이 들었다. 내가 좋아하고 잘 할 수 있는 것과 의미 있고 가치 있는 것까지 생각했을때 함께 연결될 수 있는 부분이라는 생각이 들었다.

유치원 교사를 그만두고 다시 교육이라는 분야로 돌아가고자 한다는 것에 대해 의아할 수도 있을 것 같다. 나도 처음 '교육'이라는 분야를 다시 생각하게 되었을 때 당황스러웠기 때문이다. 그런데 결국에 나는 누군가에게 내가 알고 있는 것을 알려주고, 그것을 통해 그 사람 혹은 사람들에게 도움을 줄 수 있다는 것에 굉장히 큰 기쁨을 얻고 있다는 것을 알게 되었다.

유치원 교사로 일할 때에 많은 부분이 힘들었지만 아이들을 가르치고 아이들이 성장하는 것을 보는 것은 교사로서의 가장 큰 보람이었다. 잊고 있었던 나의 기쁨의 요소에 대해 다시금 생각을 해보게

나답게, 행복하게 살고 싶어

되었다. 그렇다면 교육에는 다양한 영역이 존재한다. 나는 교육 중에서 어떤 영역에 대한 마음이 있는가? 라는 생각을 하게 되었다.

10 / 사람들이 나에게 질문하는 것들

나는 사람들 앞에 나아가 이야기하는 것을 좋아하면서도 두려워한다. 발표하거나 누군가의 앞에 나서야 할 때는 남들과 똑같이 긴장된다. 아니 어떨 때는 더 오버해서 긴장이 되기도 한다. 하지만 사람들 앞에 나서면 그 긴장감과 함께 설렘이 가득하게 된다. 그리고 나만의 은사인지는 몰라도 내가 떨고 있는 것을 사람들에게 티 안 내고 말을 잘하는 편이다. 그래서 대학교 때 팀 프로젝트를 하게 되면 모든 발표를 내가 도맡아서 하곤 했다.

그렇게 발표를 하고 내려오면 사람들이 나에게 자주 물어보는 질문이 있다. "어떻게 하면 그렇게 안 떨고 할 수 있어?", "그렇게 말을 잘하는 비결이 뭐야?"라는 등의 질문들이었다. 사실 그 때에는 이러한 질문들이 그저 단순한 칭찬처럼 들렸다. 그래서 그냥 흘려들었고, 그저 '나는 외향적이고 발표를 잘하는 사람이구나'하고 지나갔던 것 같다.

그런데 이렇게 나의 새로운 진로에 대해 고민을 하는 기로에 서게 되면서 위의 질문들이 나에게 새롭게 다가오기 시작했다. 누군가 나에게 질문을 한다는 것은 그래도 내가 남들보다는 조금 아주 조금이라도 더 잘하는 것이라는 것이다.

그리고 새롭게 교육이라는 분야와 함께 접목해 보았다. 물론 교육은 대부분 말을 많이 해야 하는 직업이다. 그렇기에 대부분의 교육 분야에 적용될 수도 있다. 하지만 그 중에도 특히나 말이 큰 비중을 차지하는 직업이 있다.

바로 '강사'였다. 지루하고 재미없는 내용을 재미있게 풀어내서 사람들에게 즐거움을 주기도 하고, 삶에 큰 깨달음을 얻을 만큼 의미 있는 강의를 하는 사람들이 있다. 바로 강사다. 나 또한 이러한 강사님께 좋은 영향을 받은 경험들이 종종 있다. 그리고 그분들이 참으로 멋있다고 생각했다. 내가 이 직업을 하게 된다면 너무 재미있을 것 같다는 생각도 하게 되었다. 무엇보다도 많은 사람에게 강의로 선한 영향력을 끼치는 일은 정말 매력적이고, 의미 있고, 가치 있을 것 같다는 생각이 들었다.

"하나님, 저 뭘 해야 할까요? 하나님이 알려주세요"라고 기도해본다. 그러면 하나님은 위의 과정들을 통해서 '강사'라는 직업을 나에게 자연스레 보게 하셨고, 고민하게 하셨고, 결국엔 도전하게 하셨다. 그래서 나는 새롭게 '강사'를 마음에 품고 도전을 하게 되었다.

11 / 내가 돕고자 하는 영역은 어디일까?

그렇다면 그다음으로 내가 고민해봐야 하는 영역은 무엇이었을까? 내가 무엇을 강의하고 어떤 콘텐츠로 먹고 살 수 있을지에 대한 고민이었다. 하지만 이 고민은 결코 옳은 방향이 아니라는 것을 이내 곧 깨닫게 되었다.

〈청년자기다움학교〉의 이주열 코치님은 강의를 통해 우리는 세상의 아픔을 봐야 하고, 세상의 문제를 해결하기 위해 살아가야 한다고 말씀하신다. 자기다움, 나다움을 찾고 그대로 살아가는 것이 끝이 아닌, 하나님이 주신 나의 자기다움을 통해 세상의 어떤 어려움을 해결할 것인지에 대해 치열하게 고민해봐야 한다고 이야기하신다.

하나님은 우리를 통해 이 세상에서 하나님의 나라를 세워가길 원하신다. 그래서 나는 하나님의 선하신 계획에 사용되기를 원한다는 기도를 많이 했었다. 하지만 정작 진로를 정하는 과정에서는 세상의 관점으로 나의 진로를 정해나가고 있었다. 그리고 그 진로를 통해 하나님이 아닌 내가 드러날 수 있을까에 대한 고민을 더 크게 했었다. 내가 잘하고 좋아하는 것, 내가 즐겁게 일할 수 있는 것. 모든 고민이 나에게 초점이 맞춰져 있었고, 결코 하나님의 도구로서 내가 어떻게 사용되어야 할지에 대한 고민과 기도는 제대로 하지 않았던 것 같다. 그래서 나는 이주열 코치님의 강의를 통해서 깊은 고민에 빠지게 되었다. 그리고 나 자신에게 질문하기 시작했다. 내가 가슴 아파하는 영역은 어디일까? 내가 돕고자 하는 영역은 무엇일까? 내가 가장 선한 영향력을 끼치고자 하는 곳은 어디일까? 그래서 이 고민과 함께 나는 차근차근 나의 삶들을 돌아보았다. 주변에서 볼 수 있는 여러 어려움 중에서 내가 특히나 반응하게 되는 어려움은 무엇일지 생각해보았다.

사실 나는 주변 사람들에게 말을 또박또박 그리고 예쁘게 잘한다는 이야기를 종종 듣곤 했다. 그렇다면 그 이유는 무엇일까? 나는 누군가에게 말로서 상처를 자주 받곤 했다. 배려가 없는 말, 이기적인 말, 공격적인 말, 판단하는 말 등 상대방의 일방적인 말들이 나를 무너지게 하는 요소들이다. 그래서 학창 시절 나는 내가 유리멘탈이라고 생각했다. 그렇다 보니 나는 누군가에게 말로서 상처를 주고 싶지 않았다. 그리고 나는 누군가에게서 듣게 되는 따뜻한 말 한마디로 위로받고 용기를 얻었기 때문에, 나 또한 상대

나답게, 행복하게 살고 싶어

방에게 그런 사람이 되고 싶었다. 그래서 더 한마디 한마디를 꾹꾹 눌러가며 조심스레 하려 했고, 상대방의 마음을 다치지 않게 하려 최대한 따뜻하고, 배려 있게 말을 하려 노력했던 것 같다.

이러한 나의 특성에 대해 생각해 볼 때, 나에게 '말'은 매우 중요했고, 조금 더 크게는 '소통'이 굉장히 중요했다. 소통이라는 것은 한 방향이 아닌 양방향 상호작용이기 때문에 서로 배려하지 않으면 누군가 한 명은 상처를 받게 된다. 그래서 나는 소통을 돕는 사람이 되고 싶었다. 서로가 아프지 않고 건강한 소통이 이루어진다면 우리 주변의 여러 어려움은 많이 해결될 수 있을 거라는 확신이 든다.

나는 '공감'이 올바른 소통의 도구라고 생각한다. 어느 누구도 자신의 기쁨, 슬픔, 어려움을 공감해주었을 때, 기분 나빠 할 사람은 없을 것이다. 혼자라는 생각이 들 때에 나의 어려움을 함께 아파해주는 사람이 있다는 것은 정말 큰 힘이 되고 위로가 된다.

그래서 나는 소통에서 '공감'은 매우 중요하고, 핵심적인 키워드라고 생각했다. 그리고 우리 크리스천에게는 무엇보다 공감은 사명이라는 생각이 들었다.

"네 이웃을 네 자신과 같이 사랑하라"는 말씀은 성경 여러 곳에 기록되어 있다. 이웃을 내 몸과 같이 사랑하기 위해서는 '공감'의 능력은 매우 필수적이다. 내 이웃을 사랑하기 위해서는 상대방의 마음에 진심으로 공감하고, 그 아픔과 기쁨을 모두 내 것인 것처럼 받아들일 수 있어야 한다. 그래서 크리스천에게 있어서 '공감하는 능력'은 선택이 아니라 사명이라는 생각이 든다.

물론, 공감은 너무나도 힘들다. 왜냐하면, 내가 상대방이 아니기 때문에 상대방의 마음을 100% 이해하고 공감한다는 것은 매우 어렵다. 아니 어찌 보면 불가능할 수도 있을 것이다. 사실 나도 공감이 너무 어렵다. 그래서 나 또한 관계에서 사람들에게 공감을 적용하기 위해 매우 많이 노력했다. 하지만 매일 공감이 잘 되는 것이 아니다. 특히 가족에게, 아주 가까운 사람들에게는 나도 모르게 나의 편안한 모습들이 그대로 나오기 때문이었던 것 같다. 맞다. 우리는 우리의 눈으로는 상대방을 공감하고 이해한다는 것은 매우 어려운 것이다. 그렇기에 하나님의 마음으로 상대방을 공감하고, 이해하는 것이 필요하다.

그래서 "하나님, 하나님의 마음으로 공감할 수 있게 해주세요"라는 기도를 드렸다. 그리고 그 기도는 앞으로도 계속해서 드릴 예정이다. 내가 할 수 있는 영역이 아니라는 것을 인정하게 되었고, 더욱 겸손한 마음이 필요하다는 것을 알게 되었다. 이러한 과정들

나답게, 행복하게 살고 싶어

을 통해서 나는 '소통'의 어려움을 '공감'을 통해 돕는 사람이 되고 싶다는 생각이 들었다. 그래서 나는 [공감전문가, 박예은]으로 성장해 나가고 싶다.

"내게 능력 주시는 자 안에서 내가 모든 것을 할 수 있느니라" (빌 4:13)

우리가 돕고자 하는 영역을 정한 다음에는 우리의 능력 없음을 인정하는 것이 필요하다. 내 역량에 맞춰 돕는 것이 아니라 그 영역을 돕기 위해 필요한 역량과 지혜를 하나님께 구하고 하나님이 가장 선하게 도우실 있도록 그 모든 주권을 하나님께 맡겨야 한다. 그것이 가장 중요하고, 항상 지녀야 할 마음일 것이다.

12 / 공감전문가, 박예은

그렇게 '공감'이라는 키워드가 매우 중요하다는 것을 알게 되었고, 나는 그것을 강의를 통해 풀어보고자 했다.

사실 평소에 주변으로부터 공감을 잘한다는 이야기를 종종 들어왔다. 이전에 유치원에서도 아이들과 대화를 할 때에도 '공감'은 매우 중요했고, 아이들에게는 그 효과가 더욱 크게 잘 나타났었다. 이러한 경험들 덕분인지 나는 다른 사람에 비해 사람들의 말에 공감을 잘해준다는 이야기를 들을 수 있었다.

이런 이야기를 들으니 나도 내 자신이 공감을 잘하는 사람이라는 생각이 들었다. 그래서 '공감'에 대한 콘텐츠를 만들어보겠노라 당당하게 선포했다. 그런데 강의 자료를 만들려고 보니 내가 가지고 있는 '공감'은 정말이지 얕은 공감이었다. 누구나 다 할 수 있는 아주 쉬운 공감밖에 없었다.

그래서 그때부터 공부를 하기 시작했다. 시중에 나와 있는 공감에 관한 책들을 많이 읽어보고, 관련 강의들, 자료들을 찾아보기 시작했다. 또한, 공감에 대한 사람들의 생각에 대해서 직접 인터뷰를 해보기도 했다. 별로 길지 않은 강의였지만, 그럼에도 나는 그 시간을 위해 정말 많은 시간을 투자했다. 내가 좋아하는 일을 시작하려 하기에 더욱 자발적으로 시간을 투자했던 것 같다.

그렇게 해서 처음에는 단순하고 얕은 공감만을 생각했다면 나중에는 공감이 왜 필요한지, 얼마나 큰 영향을 끼치는지에 대해서 깊이 알아갈 수 있었다. 거기에 내가 생각하는 공감에 대한 중요성과 나만의 공감 노하우들을 넣어서 콘텐츠를 만들었다.

또한, 재미있는 강의를 하기 위해 다양한 강사님들의 강의 영상들도 많이 찾아보았다. 사람들의 강의 기법을 공부해보고, 따라 해보기도 하면서 나만의 강의 스타일을 만들어갔다. 이러한 준비과정을 통해 완성된 첫 번째 강의가 바로 〈공감을 통한 회복〉이라는 강의였다.

공감이 왜 필요한가? 공감을 하기 위해 필요한 마음가짐과 어떤 영향을 끼치는가? 그리고 어떻게 공감을 할 수 있는가? 이러한 질문들을 던져가면서 강의를 진행했다. 많은 사람 앞에서 시작한 강의는 굉장히 떨렸다. 물론 지금에 와서 돌아보면 그 내용에 대한 아쉬움이 여전히 있지만 그럼에도 그 작은 도전이 나를 앞으로 나아갈 수 있도록 해주었다. 그렇게 나는 〈공감을 통한 회복〉이라는 강의를 통해 새로운 도전을 조금씩 시작해 나갈 수 있게 되었다.

13 / 두려움보다 믿음과 도전으로

'나는 위로받지 못하는 사람들에게 진정한 위로를,
선하지 못한 곳에 선한 영향력을 끼치는 사람이 될 것이다.
나는 강의를 통해 이러한 위로와 선한 영향력을 끼칠 것이다.'

이 글은 내가 강사라는 꿈을 가지고 사명선언문(Mission Statement)에 썼던 내용이다. 나는 무엇보다 강의라는 도구를 통해서 사람들에게 위로와 선한 영향력을 끼치고 싶었다. 그렇다면 어떻게 사람들에게 위로와 선한 영향력을 끼치려 노력했을까?

[하나님의 밥상]

먼저는 사람들에게 위로와 격려의 의미를 전달하기 위한 강의 콘텐츠를 만들었다. 이전에 ㄱ대학교 기독교 동아리 연합 모임에 초대받아 강의를 하러 간 적이 있다. 처음 강의 제안을 받았을 때에는 비전에 대한 이야기를 다루어 주었으면 좋겠다는 제안을 받았다. 그래서 가장 먼저 지금의 청년들이 어떤 삶을 살아가고 있는가에 대해 생각해보게 되었다. 나도 졸업한 지 그리 오래되지 않았기에 나의 경험을 돌아보며 생각해보았다.

지금의 청년들은 수많은 선택의 기로에 놓여 있다. 하지만 슬픈 것은 가장 나은 선택, 가장 쉬운 선택은 없다는 것이다. 어떤 것을 선택하든지 쉬운 것이 하나 없는 시대에 살고 있다. 그리고 세상은 끊임없이 높은 스펙을 요구하고, 남들을 밟고 위로 올라가야만 한다고 그래야 성공한다고 이야기하고 있다.

때문에 내가 좋아하는 것, 내가 잘할 수 있는 것을 알아가고 도전

나답게, 행복하게 살고 싶어

하는 것이 아닌 취업이 먼저가 되고, 돈을 버는 것이 가장 중요한 목표가 된 채로 살아가고 있다. 그렇다면 이러한 삶은 과연 믿지 않는 청년들의 이야기일까? 절대 아니다.

지금 교회를 다니고 있는 청년들도 똑같은 고민 속에 살아가고 있다. 거기에 크리스천으로서 지켜야 할 신앙의 요소들도 함께 지켜나가기 위해 어찌 보면 더욱 치열하게 살아가고 있을 것이다. 나또한 그런 마음으로 살아왔고 새로운 도전을 하는 과정에서도 위와 같은 상황으로부터 자유롭지 못한 채 살아가고 있다. 그래서 나는 나의 삶을 통해 청년들에게 위로를 전달하고 싶었다.

가장 평범했고, 특별하지 않았던 나의 삶이 하나님 안에서 새로운 발견을 하고 도전할 수 있었던 이유를 이야기 했다. 그리고 청년들이 가지고 있을 고민들 어려움에 대해 최대한 공감하는 마음을 전달하며 강의를 하려 노력했다.

그 강의가 바로 〈하나님의 밥상〉이다. 강의 제목의 뜻은 문자 그대로 하나님이 우리에게 차려주신 밥상이라는 의미이다. 밥상 위에 놓인 수많은 반찬 가운데 과연 나는 무엇을 먹어야 하는지 고민하는 것처럼 하나님이 우리에게 주신 수많은 선택지 중에서 어떤 것을 선택해야 가장 옳은 선택인지 고민하는 과정을 빗대어보았다.

"우리가 알거니와 하나님을 사랑하는 자 곧 그의 뜻대로 부르심을 입은 자들에게는 모든 것이 합력하여 선을 이루느니라" (롬 8:28)

이 말씀을 주제로 강의를 이어갔다. 하나님 안에서 선택해야 하는 많은 선택지 중에서 무엇 하나 우리에게 선하지 않은 것이 없다는 것이다. 그렇기에 새로운 것을 선택하고 도전하는 것을 두려워하지 말라는 이야기로 강의를 마무리했다.

강의가 끝난 후, 몇몇 학생들로부터 큰 도전이 되었다는 말과 함께 위로를 받았다는 피드백을 들을 수 있었다. 학생들에게 좋은 시간이었다고 해서 정말 감사했지만, 그 강의를 준비하면서 나 또한 다시금 하나님이 날 향해 가지고 계신 사랑의 마음을 되새기게 되었고, 내가 가장 많이 회복되는 시간이었다.

이렇게 나는 누군가에게 위로를 전달하는 강의를 하기 위해 작은 도전을 했었다.

[그림책 테라피 : 적당한 거리를 통한 관계의 행복]
두 번째는 보다 건강한 관계와 소통의 방법에 대한 강의를 준비한 적이 있다. 이 책을 함께 쓴 최보미 작가와 함께 도전해보자 하여 시작했던 강의였다.

나답게, 행복하게 살고 싶어

우리는 사람들이 관계로부터 어려움을 겪게 되는 것에 대한 안타까움이 있었다. 관계에 상처받아 결국엔 혼자가 되려 하는 사람들과 적당한 경계선이 없어 자신을 지키지 못하고, 타인을 위해 살아가는 사람들이 우리 주변에 굉장히 많다는 것을 알게 되었다. 그들을 돕고자 하는 마음을 가지게 되었다. 그래서 우리는 '그림책'이라는 매체를 선정하게 되었다. 그림책 안에는 단순하지만, 힘 있는 내용이 담겨있었다. 그 속에서 배울 수 있는 관계의 해답들은 많았다.

상대방으로부터 신뢰를 잃어버릴까 자신의 어려움을 제대로 표현하지도 못한 채 살아가고 있는 우리들의 모습을 마주하고, 나만의 공간을 만들어나가는 시간이었다. 내가 건강해야 상대방과의 관계에서도 건강할 수 있음을 이야기하며 강의를 마무리하게 되었다.

그렇게 우리는 처음으로 오픈 강의를 열어보았다. 홍보물도 만들어보고, 마케팅도 하고, 직접 장소도 구해보고, 사람들에게 신청도 받아서 강의를 준비했다. 그 과정에서는 많은 분의 도움이 있었기 때문에 강의는 완성될 수 있었다.

하나부터 열까지 직접 준비를 해보면서 쉽지 않은 시간도 많았다. 그럼에도 새로운 무엇인가에 도전할 수 있다는 사실에 굉장히 감사했고, 이를 통해 앞으로 내가 더 무궁무진하게 나아갈 수 있다는 기대감과 설렘을 가질 수 있게 되었다.

내 모든 강의의 공통점은 '나'의 이야기를 통해서 '위로'를 전달하려 했다는 것이다. 이 2개의 강의 이외에도 여러 강의를 할 수 있는 기회가 있었고, 그럴 때마다 나는 사람들에게 '위로'와 '선한 영향력'을 끼칠 수 있는 강의를 하게 해달라고 하나님께 기도를 드렸다. 비록 모든 사람에게 만족감을 줄 수는 없겠지만, 나의 강의로 인해 어떤 한 사람의 삶에 직면한 문제를 해결하고, 도움을 줄 수 있다면 그것만큼 나에게 기쁨이 되는 일은 없을 것이기 때문이다.

14 / 도전을 위한 3원칙

이렇게 하나씩 도전을 해보면서 느낀 것이 3가지가 있다.

첫 번째는, 도전은 작은 것부터 시작해야 한다.
사실 '도전'이라 한다면 굉장히 큰 것으로 생각한다. 하지만 우리 삶에서 어제와 다른 부분을 살아간다는 것 자체가 나는 도전이 될 수 있다고 생각한다. 그리고 처음부터 너무 크게 도전목표를 세우

나답게, 행복하게 살고 싶어

게 되면 쉽게 포기하고 무너진다는 것이다. 나 또한 아주 작은 도전부터 시작해 보았다. '나'에 대한 고민을 도전해보았고, 내가 좋아하는 것들을 찾기 위해 도전해보았다. 그런 과정이 차곡차곡 쌓아져 왔기 때문에 많은 사람 앞에서 강의를 도전해보기도 하고, 직접 오픈 클래스를 열어보는 도전을 할 수 있었다.

두 번째는, 주변의 사람들에게 도움을 요청해야 한다.
나는 내가 앞으로 나아가고자 하는 방향에 대해 주변 사람과 공유했다. 일차적으론, 내가 워낙 나의 이야기를 하는 것을 좋아하다 보니 자연스레 나의 방향성에 대해서 공유가 된 것도 있다. 하지만 내가 원했던 것은 선포와 도움 요청이었다.
내가 앞으로 이러한 길을 갈 것이니 나를 잘 감시해달라는 의미도 있었고, 한편으론 내가 이렇게 열심히 도전하고 있으니 나를 도울 수 있는 영역에서 도와달라는 의미도 있었다. 그 덕분에 내 주변에 사람들로부터 좋은 기회가 오기도 하고, 좋은 소식들을 들을 수도 있었다. 그리고 함께 도전할 수 있는 사람들이 하나둘씩 모여서 새로운 것들을 계속해서 도전해볼 수도 있었다. 그렇기에 나는 개인적으로 새로운 다짐을 주변 사람들에게 나눔으로 더 쉽고 편하게 앞으로 나아갈 수 있게 된다는 것이다.

마지막으로, 끊임없이 기도하고 구해야 한다.

자기답게 살기 위해 나에 대해 공부하고 도전하다 보면 나도 모르게 나의 능력과 세상의 기회에 의지하게 될 때가 있다. 눈에 바로 보이고, 빠르게 적용할 수 있기에 어느새 주님보다 사람을, 세상을 의지하게 되는 경우가 생긴다. 하지만 우리가 자기답게 살아가기 위함은 결코 나를 위함이 아니다. 하나님이 나를 본래 지으신 목적대로 내가 살아갈 수 있도록 내가 그 목적을 찾아가는 과정이다. 내가 잘나기 위함도 아니고, 나의 능력대로 성공하기 위함은 더더욱 아닐 것이다. 그렇기에 우리는 이처럼 '나'에 대해 깊게 고민하고, 도전하는 과정 가운데 온전히 하나님만을 의지해야 하고, 순종해야 한다. 그것이 가장 옳은 길이고, 앞으로 우리가 더욱 행복할 수 있는 길임을 잊지 말아야 한다.

이러한 과정을 겪기까지 정말이지 치열한 고민의 시간을 보내왔다. '내가 잘하는 것은 없다.'라고 생각하며 두려워할 때 지금의 모습을 전혀 상상하지 못했다. 결코, 특별하지 않고, 앞으로도 희망이 없다고 생각했던 나의 삶을 하나님은 포기하지 않으셨다.

내가 점차 의지를 갖추고 앞으로 나아갈 수 있도록, 하나씩 차근차근 도전해볼 수 있도록, 내가 가는 그 길에 확신을 가질 수 있도록 하나님은 나를 붙들어 주셨고, 이끌어주셨다. 앞으로 나에게 주어진 상황이 어떻게 변화가 될지 모르겠다. 사람들에게 위로와 선한

나답게, 행복하게 살고 싶어

영향력을 끼칠 수 있는 강의를 하기 위해 계속해서 달려갈 것이다.

하지만 나는 '강사'라는 직업만이 나의 삶의 정답이라고 생각하지는 않는다. 하나님께는 우리의 '직업'이 중요한 것이 아닌 '삶'이 중요하시기에 하나님이 원하시는 '삶'을 살아낼 수 있는 다른 곳이라면 그 또한 하나님이 나를 사용하고자 하실 분야라고 생각한다.

이전 같았으면 나에게 주어진 삶이 언제 무너질까 혹은 앞이 보이지 않는 상황에서 두려움이 가득했을 것이다. 이전과 같이 한 치 앞을 볼 수 없는 상황이지만, 그럼에도 나는 하나님께 너무 감사하고, 앞으로도 그렇게 할 것이다.

내 안에 '실패하면 어쩌지?'라는 두려운 마음이 없었다면 거짓말일 것이다. 나도 새로운 도전 앞에 머뭇거렸다. 하지만 정말 자기다움을 찾고 싶은 마음이 너무나도 간절했기에 조금씩 용기를 내어 도전할 수 있었다.

일단 하고 싶은 것이 생겼다면 최선을 다해서 도전하는 게 좋다. 해보고 후회하는 것과 해보지 않고 후회하는 것의 차이는 정말 크기 때문이다. 그리고 기왕에 도전하는 거라면 정말 간절한 마음을 가지고 직접 몸소 부딪혀 봤으면 좋겠다. 내가 늦었다고 생각하고, 아무런 도전도 하지 않았다면 아무 일도 생기지 않았을 것이다. 지금부터라도 늦지 않았다. 늦었다고 생각 할 때가 가장 빠르다는 말이 있다. 그러니 자신감을 가지고 하나씩 차근차근 도전해 보았으면 좋겠다.

15 / 절대로, 절대로 포기하지 마라

그렇다면 지금의 나는 어떠한 모습으로 살아가고 있을까? 도전해 보았으니 이제는 성공한 삶을 잘 살아가고 있을까? 아니다. 지금도 여전히 앞으로 나아가기 위해 치열한 도전을 하며 살아가고 있다. 가끔 보면 제자리걸음인 것처럼 느껴질 때도 왕왕 있다. 부끄럽지만 솔직히 고백하자면 여전히 흔들리고 무너질 때도 있다. 때론 두렵기도 하고, 포기하고 싶은 마음도 든다. 끊임없이 '이게 맞는 것일까?' 하는 질문을 하며 나아가고 있다.

앞으로 나에게 어떤 하나님의 계획이 펼쳐질지는 전혀 알지 못한다. 감히 예상해 볼 수도 없다. 그래서 때론 보이지 않는 것에 대한 불안감도 존재한다. 하지만 가장 확실한 것은 그 순간마다 하나님이 가장 선하게 이끌어주고 계심을 이제는 믿어 의심치 않는다는 것이다. 하나님의 계획이 더욱 기대되고 그렇기에 나는 지금 나에게 주어진 하루하루 일상을 최선을 다해 살아간다.

지금 어디에 와있는지, 어둠 속에서 길을 잃고 헤매고 있을 수도 있다. 때론 주변 사람들과 비교하며, 그들보다 못한 것 같은 상황에 더 우울해할 수도 있다. 하나님이 우리를 지으신 목적 그대로 살아가기 위해 치열하게 고민하고, 찾아가는 과정은 쉽지 않을 것이다. 때론 포기하고 싶을 때도 당연히 있을 것이다. 그러나 그 고민을 혼자서 감당하지 않았으면 좋겠다. 당신의 고민에 깊이 공감하며, 함께 할 수 있는 사람들이 있다는 것을 기억하며, '우리 함께 힘을 내보자'라는 말을 꼭 전해주고 싶다. 끝으로 이 과정 가운데 가장 크신 하나님이 당신과 함께 하고 계심을 잊지 않고, 더욱 담대함으로 한 걸음 한 걸음 나아가기를 바란다.

"믿음이 없이는 하나님을 기쁘시게 하지 못하나니

하나님께 나아가는 자는 반드시 그가 계신 것과

또한 그가 자기를 찾는 자들에게 상 주시는 이심을 믿어야 할지니라"

(히 11:6)

PART 3

인생을 방황하던 청년,
최보미

회복디자이너 **최보미** 이야기

봄, 여름, 가을, 겨울 인생의 계절

요즘은 봄과 가을을 느낄 새도 없이 4계절 중 2계절이 금세 지나가지만 그럼에도 불구하고 우린 4계절이 구분된 나라에서 살아가고 있다. 계절이 바뀔 때마다 우리는 그 계절을 맞이하기 위한 준비를 한다.

봄이 오는 소리에 겨울잠을 자던 새싹들도 신호를 보내고, 향긋한 꽃내음이 거리마다 퍼져나가며, 따스한 햇살이 우리를 미소 짓게 만든다. 여름이 다가올 때면 우린 긴팔 옷을 옷장에 정리하고, 더위를 피할 준비를 하기 위해 먼지가 쌓인 선풍기와 에어컨을 세척하고, 계절에 맞는 옷을 꺼내 계절을 맞이할 준비를 하기 시작한다.

각 계절은 그 계절에 따라 준비를 하게 된다. 가을이 오면 언제 그 랬냐는 듯이 다시 긴팔을 찾는다. 푸릇푸릇했던 식물들도 옷을 갈 아입듯 붉은색으로 옷을 갈아입기도 하고, 갈색으로 갈아입기도 하며, 거리의 색이 서서히 바뀌기 시작한다. 그렇게 마지막 겨울 이 오면 우리의 옷차림은 확연히 달라진다. 1년 내내 여름처럼 반 팔과 반바지를 계속 입고 있다면 우리는 결코 겨울을 버틸 수 없기 때문이다.

이처럼 계절에 따라 우리는 준비해야 하는 것이 달라지고, 고민하 게 되는 영역도 달라지는 것을 알 수 있다. 계절의 변화에 따른 변 화와 준비해야하는 영역, 그리고 고민해야 하는 영역이 달라지듯 우리의 인생도 계절이 변화하는 속성과 비슷하다는 것을 깨달았다.

어린 시절의 고민은 시간이 지나 돌이켜보니 더는 고민이 아닌 뚫 고 지나온 시간이 되었고, 인생의 다른 계절 속에서 나는 또 다른 고민을 하고 있음을 발견하게 되었다. 이 책을 통해서는 청소년 기, 그리고 청년의 때에 너무나 춥고 길게 느껴졌던 나의 인생의 겨울과 같던 시간을 나누고 싶다.

내 인생의 겨울과 같았던 그 시간은 하나님 안에서 나의 정체성을 찾아서 헤매는 시간이자 좋아하고 잘하는 일을 찾기 위해 사색하는 시간, 의미 있고 가치 있는 일을 탐색하는 시간이었다. 나의 정체성을 찾기 위해 6년이란 긴 겨울의 방황하는 시기를 보내며 드디어 봄의 계절에 도달했다. 겨울을 뚫고 온 나는 지금 걱정과 고민, 하나님께 인생의 질문 없는 삶을 살고 있다고 감히 장담할 순 없지만, 그렇기에 오히려 인생이란 반복해서 오는 계절과 같다고 감히 말할 수 있을 것 같다.

6년간의 겨울과 같았던 인생의 계절은 길게만 느껴졌다. 하지만 '하나님이 친히 동행해주신 시간이었다'라고 고백할 수밖에 없었다. 그때 당시엔 하나님께 원망도 해보고, 불평·불만도 해봤지만, 시간이 지나 돌이켜보니 그때의 그 시간은 내 인생에서 꼭 필요했던 시간이었음을 고백한다. 하나님께서 늘 나와 동행하고 계신다는 사실을 기억했으면 좋겠다.

나답게, 행복하게 살고 싶어

01 / 머리로만 알고 있던 나의 정체성

신앙생활 중에 우리는 쉽게 오류에 빠진다. '아는 것(Knowing)'과 '믿는 것(Believing)'을 잘 구분 짓지 못한다는 것이다. 너무나도 익숙하게 들어왔던 말씀과 성경말씀 속에 일화를 믿는다고 이야기 하지만 실제로 그 삶 속 깊은 곳을 들여다보면 아는 지식에만 그쳐 있는 것을 보게 된다. 솔직히 고백하자면, 나도 그랬다. 아는 것과 믿는 것을 구분하지 못했다. 그것이 나를 겨울이란 계절의 여정에 입문하게 된 계기가 되었다. 하나님 자녀로 세상과 구별된 삶을 살아가야 한다고 귀가 아프도록 들었지만, 구체적으로 세상에서 어떻게 사는 것이 세상과 구별된 삶인지 배우지 못했다. 그렇다 보니 인생을 살아가며 많은 고민과 시험 거리가 생기게 되었다.

나는 하나님의 자녀이고, 단순히 믿지 않는 이들과는 다르게 살아야 한다는 지식적인 앎이 나를 어렵게 만들었다. 첫 번째로 진로를 정하는 과정에 있어서 혼란을 겪게 만들었다. 청소년시기에 특별히 하고 싶은 꿈이 없었다. 예체능에 뚜렷하게 재능을 보이는 친구들을 부러워했다. "저 친구들은 잘하는 것이 눈에 보이니까 좋겠다. 진로를 설정하는데 어렵지 않으니까"라는 생각을 했던 것 같다. 꿈이 없다 보니 내 안에 공부를 해야 하는 뚜렷한 목적도 없었다. 단순히 남들이 다 하니까, 대학은 가야하니까, 미래를 위해서라는 생각으로 고등학교 시절을 [집 – 학교 – 학원 – 독서실]을 반복하며 살았다.

다음 직업의 공통점은 무엇일까? [선생님 – 회계사 – 광고 기획자] 아마 공통점을 찾기 어려울 것이다. 왜냐하면 단순히 청소년 시기에 내 장래희망에 적었던 직업이기 때문이다. 그때 당시에 나는 왜 앞에 보이는 직업들을 적었을까? 그 이유는 단순했다. 그때 당시 인기 직업이거나 안정적인 삶을 보장해주는 직업이었기 때문이다.

어린 시절부터 신앙생활을 하며 하나님을 알고 지냈지만, 내 삶의 미래를 설계하고, 진로를 하나님 안에서 깊이 있게 고민해본 적은 없었다. 그저 부모님이 원하시거나 남들과 비슷하게 미래에 안정적으로 편안하게 살 수 있는 삶을 원했던 것 같다.

몇 년 전, 이슈가 되었던 책이 있다. 임홍택 작가의 『90년생이 온다』라는 책이다. 90년대 생들이 사회의 초년생, 그리고 n년차로 일

나답게, 행복하게 살고 싶어

하는 시대 가운데 그 세대를 이해하기 위해 나온 책이었다. 그 책을 읽으며 같은 90년대 생으로 공감되는 부분도 있었으며, 마음 한편이 불편한 부분들도 있었다. 책의 첫 페이지를 열자마자 나온 것이 바로 '공시생(공무원 시험을 준비하는 사람을 부르는 단어)'들의 이야기와 공무원을 원하는 90년생들의 이야기였기 때문이다.

책에 있는 수치들을 보며 '대한민국에 이렇게 공시생이 많다고?'라고 생각했지만, 주위를 둘러 지인들을 보니 생각보다 공무원 및 국가고시를 준비하는 사람들이 많았다. 그들에게 어떻게 공시생이 되었냐고 물어보면 그들의 대답은 대부분 비슷했다.

'안정된 삶, 보장된 노후, 편안하고 안락한 삶, 워라밸이 있을 것 같은 삶 등등' 이들 중엔 비기독교인도 있지만, 오랜 세월 신앙생활을 하고, 교회에서 열심히 사역하는 청년들도 존재한다. 그런데 그들이 직업을 선택하는 기준은 안타깝게도 세상 사람들과 전혀 다를 바 없었다.

우리는 하나님 나라의 자녀로서, 세상의 가치와 다른 성경적 가치를 가지고 살아간다고 이야기하지만, 직업을 선택하고 미래를 결정하는 일에 있어서는 안타깝게도 세상의 가치와 다른 성경적 가치관을 찾아보기 어렵다. 부끄럽지만 고백하건대, 나도 그랬다.

나 또한 직업을 선택하고 미래를 결정하는 기준이 명확하지 않은 채, 10대, 20대 초반을 지내왔는데 이 사실을 깨닫기까지 6년 이상의 시간이 걸렸다. 그렇게 나는 그 6년이란 시간을 통해 내 삶에서 가장 중요한 것이 무엇인지 깨닫게 하는 겨울이란 계절에 입문하게 되었다.

02 / 주님은 토기장이 나는 그의 작품

"우리는 진흙이요 주는 토기장이시니 우리는 다 주의 손으로 지으신 것이라" (사 64:8)

'하나님이 나의 토기장이 되심'을 인정하기까지 나는 6년이란 시간이 걸렸다. 모태신앙은 아니지만, 9살이란 어린 나이부터 신앙생활을 해오면서 교회에서 듣는 성경 속 이야기와 가치관들은 자연스럽게 내가 잘 알고 있는 것이고, 그게 또 나의 가치관이라 생각하며 살아왔다.

하지만 세상을 살다 보니, 머리로는 알고 있지만, 삶으로 살아내지 못하는 성경적 가치관들이 너무나도 많다. 신앙생활을 하며 자

나답게, 행복하게 살고 싶어

연스럽게, 나는 하나님의 자녀라는 정체성을 지녔지만, 그것에 감사하고 특별함을 느끼기보다는 타인과 나를 비교하는 청소년 시기를 보냈다.

음악에 있어 뛰어난 재능을 보이거나, 그림을 뛰어나게 잘 그리는 등 특출난 재능을 가진 또래 친구들을 보며, 스스로가 한없이 작게만 느껴졌다. 그렇게 꿈이 없던 시기를 보내며 "나도 저들처럼 특별하게 잘하는 게 있으면, 꿈을 설정하고 미래를 실정하는 게 쉽지 않을까?"라는 생각에 빠졌던 순간들이 참 많았다.

그렇게 나는 20살이 되었고, 대학 진학을 앞두고 고민에 빠졌다. 특별히 하고 싶은 것도, 적성에 맞는 전공도 없었기 때문이다. 하지만 대학을 진학하지 않기에는 대한민국 사회에서 살아가기에 용기가 없었고, 대학 진학을 하자니 무엇을 해야 할지 잘 몰랐기 때문이다.

그렇게 부모님의 의견을 수렴하여 식품생명과학이라는 문과생인 나와는 거리가 너무나도 멀었던 이공계열학과에 진학하게 되었다. 과에 대한 정확한 이해, 나에 대한 정확한 이해 없이 단순히 학과 홈페이지 속에 흰색 가운을 입고 과학실험을 하는 그들의 모습이 멋있어 보였고, 전문직종으로 취업이 잘 될 것 같다는 생각 하나로 대학에 입학하게 된 것이다.

'취업이 잘 될 것 같다'라는 이유 하나만으로 들어간 대학생활이니 당연히 의미를 찾을 수 없었고, 재미도 찾을 수 없었다. 그도 그럴 것이 중학생 이후로 과학과는 담을 쌓고 지냈던 나는 20살이 되어 유기화학, 생명과학, 물리 등을 공부하게 되었기 때문이다. 아무런 고민 없이 그저 남들 다 가니까 대학을 진학하여 울며 겨자 먹기로 선택한 전공을 선택하게 된 나는 매일 학교를 갈 때마다 자퇴나 편입을 고민하곤 했다.

세상은 자기 자신에 대해 고민할 시간을 전혀 주지 않는다. '대학 가야지', '취업 해야지', '결혼 해야지' 등등 숨 쉴 틈도 없이 고민할 거리들을 던지며 청춘의 시기를 더욱 더 조급하게 만들어버리기 때문이다. 그래서였을까? 나 역시도 조급한 20대 초반을 보냈다. '빨리 대학 졸업해서 좋은 회사에 취업해야지'라는 세상의 메시지가 마치 무언의 약속처럼 느껴졌다. '왜 빨리 사회에 나가야 하는 걸까?', '좋은 회사의 기준은 과연 무엇일까?' 이런 것들을 고민할 시간 없이 그렇게 시간은 눈 깜짝할 새 지나가 버렸고, 어느덧 덜컥 졸업을 해버렸다.

당시, 나는 나를 타인과 비교하기 시작했다. 이미 자신의 전공에 만족해서 취업한 친구들, 자신의 분야에 있어서 새로운 길을 개척해가는 친구들을 보며, 나는 한없이 작은 존재처럼 여겨졌던 것 같

나답게, 행복하게 살고 싶어

다. 내 안에 존재하는 하나님 자녀라는 특별한 정체성은 그저 머릿속에 자리 잡은 지식일 뿐 나의 삶과 연결되지 못했기 때문이다.

같은 실수를 반복하지 않기 위해 고민 끝에 취업 준비가 아닌, 이번엔 내가 진짜 하고 싶은 공부를 선택하게 된다. 전공이 적성에 맞지 않아 지지리도 재미없던 대학생활이었지만 그럼에도 불구하고 내가 졸업할 수 있었던 이유는 바로 CCC에서의 활동 때문이었다.

그곳에서 학생들과 순모임을 하며 그들의 삶의 이야기를 듣고, 도움을 주고 함께 성장하는 시간이 너무 값지게 느껴졌다. 졸업을 앞두고 4년 동안의 CCC 공동체에서의 생활을 통해 타인의 삶에 관심이 많고, 누군가의 삶의 문제를 해결해주는 것에 의미를 두는 사람이라는 것을 알게 되면서 '심리상담을 공부해볼까?'라는 마음이 생기게 되었다.

그렇게 취업이 아닌, 심리상담학과를 편입해서 공부하게 되었다. '하고 싶었던 공부를 하게 되었으니, 내 인생의 겨울은 끝나고 과연 봄이 찾아왔을까?' 안타깝게도 아직 아니었다. 막상 상담학 공부를 시작하니 시중에서 책으로 읽었던 상담학과는 달리 정말 깊이 있고 어려운 학문이었다. 내가 평소에 생각했던 상담과 실제로 상담학에서 쓰이는 상담은 직접 몸소 부딪혀 보니 엄청난 공부가 필요하다는 것을 깨닫게 되었다.

학문의 어려움을 몸소 마주하면서 그렇게 다시 한 번 인생의 고민이 깊어지게 되었다. "주님, 도대체 저 뭐하면서 살아야 하나요? 제 소명은 무엇인가요?" 심리상담 공부를 끝낸 나의 나이는 26살이었다. 벌써 26살이 된 것이다!

남들 다 취업하고 어느 정도 자리를 잡거나 자신의 일을 찾아가는 때에 나는 이제 대학을 졸업한 셈인 것이다. 그렇게 26살이 되어 진로에 대한 고민으로 헤매고 있는 나에게 말씀을 통해 깨닫게 하시고, 위로해주시는 하나님을 만나며 아주 추운 겨울의 끝자락을 이제야 벗어나고 있었다.

26살이 되니 현실감이 다가오기 시작했다. "나는 지금 뭐하고 있는 걸까?" 아직도 "소명에 대해 하나님 앞에 물으며 진로를 묻고 있다니……."라는 생각들이 나를 힘들게 하며 미래에 대한 불안감을 더 안겨줬던 것 같다. 그러던 중 우연히 듣게 된 설교 말씀이 정신을 확 들게 해주었다.

"우리는 하나님의 작품입니다. 선한 일을 하게 하시려고, 하나님께서 그리스도 예수 안에서 우리를 만드셨습니다. 하나님께서 이렇게 미리 준비하신 것은, 우리가 선한 일을 하며 살아가게 하시려는 것입니다.”
(엡 2:10, 새번역)

그 말씀은 바로 하나님께서 나를 만드셨고, 만드신 목적이 있다면 선한 일을 위해 만드셨다는 말씀이었다. 마치 앞날을 고민하며 쓸모없는 존재처럼 여겨졌던 시간을 뒤로하고, 이미 하나님께서 선한 일을 내 삶 속에 미리 준비하셨다는 것이다! 나를 하나님의 작품으로 지으셨단 말씀을 통해 나의 존재를 하나님 안에서 가치 있는 존재로 인정하기 시작하니, 취업에 대한 분주하고 조급한 마음은 온데간데없이 사라지고 마음 가운데 평온이 찾아오기 시작했다.

03 / 소명을 찾고 싶어

그렇게 그 말씀을 기점으로 나의 기도제목이 바뀌기 시작했다. 청소년기, 대학생 시절 나는 하나님 앞에 “하나님 제 소명은 무엇인가요? 저 뭐하고 살죠? 어떤 직업을 가져야 하나님 앞에서 잘 사는 걸까요?”라는 기도를 하기 바빴고, 직업을 찾지 못할 때마다 낙심하게 되었던 지난날의 기도가 아닌 “하나님 저를 하나님의 작품으로 여겨주심에 감사합니다. 저를 선한 일을 위해 만드셨다는

데, 저를 위해 예비하신 선한 일이 도대체 무엇인가요? 제발 그 선한 일을 깨닫게 해주세요"라는 기도로 바뀌었다.

그렇게 그 기도를 시작으로 소명에 대한 올바른 관점을 가지기 위해 소명과 관련된 수많은 책을 읽었다. 나는 하나님의 작품이고, 이미 나를 이 땅에 태어나게 하시면서 나를 통해 그분의 선하신 일을 이루신다는 사실 자체가 답답했던 지난날의 시간들을 잊게 해주었다. 나는 더 빨리 깨닫고 알고 싶어 했지만, 26살이라는 나의 인생의 계절 속에 그 때가 하나님의 적절한 타이밍이었음을 추후에 깨닫게 되었다.

말씀을 깨달은 지 얼마 되지 않아 『소명』, 『소심청년 소명을 만나다』라는 책을 통해서 다시 한 번 소명에 대해 올바른 관점을 가지게 되었다.

이전까지 나는 소명과 직업을 같은 분류체계 안에서 보고 있었다. 그렇기에 하나님 앞에 소명을 구하면서 은연중에 직업과 연관되어 생각했고, 진로를 결정하지 못하고 지내는 그 시간 속에 소명을 찾지 못했다고 생각할 수밖에 없었다.

하지만 그 당시 우연히 듣게 된 강의와 책을 통해 생각의 틀이 변

나답게, 행복하게 살고 싶어

화하게 되었다. 많은 크리스천 청소년들이 소명, 비전, 사명, 직업에 대한 개념이 잡히지 않아 어려움을 겪는다는 이야기를 듣게 되었다. 그러면서 다음과 같이 이해하기 쉽게 설명해주었다.

소명 (부르심)

▲

비전 (소명을 이루기 위한 큰 그림)

▲

사명 (소명을 위한 목표)

▲

직업 (사명을 이루기 위한 도구)

내가 지난 6년간 고민 속에 빠질 수밖에 없던 나의 분류체계와는 너무 달랐다. 직업을 사명을 이루기 위한 도구라 생각해본 적이 없기 때문이었다. 내게 직업은 소명과 같은 분류체계에 존재하는 개념이었기 때문이다.

하나님 앞에 직업을 먼저 구했던 나의 모습 속에, '직업이 아닌 이 땅에서 무엇을 할 것인가?', '어떤 가치를 가지고 살아갈 것인가?'에 대한 기도가 필요함을 깨닫게 되었다. "주님, 이전까지 구하지 못했던 저의 부르심의 소명을 알고 싶습니다. 저를 통해 이루시고자 하는 선한 일이 무엇인지 깨닫게 하시고 보게 해주세요"라는 기도가 시작되었다.

말씀에 대한 깨달음, 책을 통해, 강연자를 통해 말씀해주셨지만, 내 삶에 큰 변화가 없었다. 여전히 나는 26살, 당장은 취업을 해야 하는 상황에 놓였기 때문이다. 하지만 마음만큼은 달랐다. 무언가 막혀 있던 게 뻥 뚫린 느낌이었기 때문이다.

그렇게 기도를 구하며 하나님 앞에 나아갔지만, 한 순간에 어떤 가치를 가지고 어떤 선한 일을 위해 나를 부르셨는지에 대한 해답은 쉽게 찾을 수 없었다. 깨달음도 잠시 결국 나는 취업의 전선에서 봄과 겨울의 경계선에서 익숙한 겨울의 계절로 뒷걸음질 치고 말았다.

진로에 대한 깊은 고민이 시작된 것이다. 하지만 이전보다는 더 가벼운 마음으로 고민하기 시작했다. 소명에 대한 올바른 정의가 되지 않을 때는 [소명=직업]과 연결된다는 마음으로 직업을 선택하고 취업을 하는데 마음의 확신 없이 도전하기에 주저되는 영역이 많았기 때문이다.

04 / 진로를 결정하기 위해 던진 3가지 질문

식품생명과학을 전공하고 심리상담을 전공했던 당시 나는 전혀 새로운 삶의 방향으로 들어선다. 진로를 고민하고 취업을 준비하며 세 가지 질문을 하게 된다.

1) 지난 날, 나를 즐겁게 했던 경험들 중에 직업과 연결해 볼 수 있는 활동들은 없었을까?
   - CCC에서 공동체 생활 (사람과 함께 하는 것을 즐거워함 → 사람을 만나고 소통하고 함께 하는 일?
   - 포스터 만들기 , 포토샵으로 합성 , 공간 데코레이션 → 디자인 관련 일 , 인테리어 관련 일
   - 사람들 앞에서 발표하기 , 동기부여하기 → 강사 , 교육업

2) 조금 더 재미있게(적성에 맞게) 할 수 있는 일이 없을까?
   - 강의
   - 디자인

3) 전문성을 갖춘 직업이 무엇이 있을까?
   - 강사
   - 디자이너

질문들을 통해 좁혀진 직업군은 2가지 강사와 디자이너였다. 공동체 생활을 6년간 하며 사람들 앞에 나서고 사람들에게 교육하고 전달하며 동기부여 하는 것에 대한 기쁨이 있었다. 누군가의 삶에 도움을 주는 역할이 즐거웠다. 공동체에 필요를 따라 공간을 꾸미고, 포스터나 디자인 작업을 하는 것에 대한 취미생활 정도의 기쁨이 있었다.

당시 내 안에 '두 가지 다 하면 안 되나?'라는 마음으로 두 가지 직업군에 대한 도전이 시작되었다. 처음엔 강사에 대한 마음이 더 컸다. 영향을 주고받는 강연자들을 보며 언젠간 나도 저렇게 사람들에게 도움을 주는 강연자가 되고 싶었기 때문이다. 하지만 강연 시장은 쉬운 길이 아니었다. 주변에 놓인 정보도 많이 없을뿐더러 취업의 문도 작고 안정적인 직업군도 아니었기 때문이다.

개인의 레퍼런스와 강의를 할 수 있는 기회를 만드는 것이 당시로써는 최선이었다. 실제적인 취업과 연결되기가 어려웠기에 나는 다시금 두 번째 직업군으로 눈을 돌려 디자인을 공부하게 되었다. 디자인에 대한 공부를 전혀 해보지 않은 상태였기 때문에 당장 디자이너로서 취업을 할 수도 없었다. 나라에서 도움을 주는 취업패키지를 통해 3개월간 디자인 학원에서 편집디자인을 배웠다.

나답게, 행복하게 살고 싶어

그 이후, 나는 어떤 삶을 선택했을까? 너무 웃기지만, 결론부터 이야기하면 나는 강연자도 디자이너도 아닌 뜬금없는 행정 일을 1년 3개월씩이나 대안학교에서 하게 된다.

05 / 나를 제 3자의 눈으로 보기

디자인 공부를 하게 되며 〈청년자기다움학교〉에 가게 되었다. 크리스천들이 하나님이 지으신 각자의 고유한 모습, 자기다움을 가지고 세상에 선한 영향력을 끼치기 위해 각자의 자기다움을 찾아가는 과정의 수업이었다. 그렇게 26년 동안 단 한 번도 나 스스로를 탐색하고 돌아본 적이 없었던 나는 그제야 나에 대한 탐색과 공부를 하게 되었다.

개인적으로 자기다움을 찾아가며 어떤 가치를 가지고 세상을 살아갈 것인지, 하나님이 말씀하시는 나를 통해 예비하신 선한 일이 무엇인지에 대해 구체적으로 찾아가는 과정이 되었다.

지난날, 살아온 나의 모습을 제3자의 눈을 가지고 보게 된 것이다. 지난날 내 인생에서 기억에 남는 순간들을 되돌아보고 그 순간이 이어져 지금 내 모습이 형성되기까지 어떠한 영향을 미치고 있는지를 돌아보는 과정을 처음 가졌다.

06 / 훈련을 통해 성장시키시는 하나님

그 과정을 통해 지금 내 가치관에 영향을 미치고 있던 몇 가지 순간들이 있었음을 보게 되었다.

유독 어린 시절, 남들과는 다른 어려움을 겪으며 형성된 재정에 대한 압박감이 성인이 되어서도 안정적인 삶에 대한 갈증으로 나타나 직업을 선택하는 것에 있어서도 신앙적인 관점에서 하나님의 선한 일을 담아내기 위한 일이 아닌, '당장에 나의 안위와 미래의 안정적인 재정을 벌 수 있는가?'가 나의 유일한 관심사였기 때문이다.

너무나 신기하게도 하나님께서는 그런 나를 훈련시키셨다. CCC에서의 순장의 삶을 통해, 모금만을 통해 단기 선교사로 3번 해외의 곳곳을 다녀오게 하셨고, 그 시간을 통해 모금하며 하나님께서 재정을 채우시고, 부족함 없이 하나님의 도우심을 경험하게 하셨다.

하지만 고질적인 나의 재정에 관한 압박감은 졸업하여 취업할 때 또 다시 나타났다. 재정 문제는 나에게 있어서 완전히 해결되지 않은 문제였기 때문이다. 하나님은 나를 다시 이스라엘 백성처럼 광야의 길에서 훈련시키셨다. 23살의 나이에 대학을 졸업하고 취업이 아닌, 심리상담을 배우면서 CCC에서의 협력간사의 삶을 살게 하신 것이다. 바로 캠퍼스 선교사역에서의 선교사의 삶이었다.

순장의 삶을 살면서, 이 사역이 너무나 가치 있고 귀한 사역임을 경험했다. 빛을 알지 못해 어둠 속에서 익숙하게 살아가는 청년들에게 복음을 전하고 하나님을 따르는 제자의 삶을 도전하는 일은 20대 청춘의 시간과 재정을 쏟을 만큼 가치 있고 행복했던 일이기 때문이다.

하지만 그것을 직업으로 삼게 되었을 때 그 삶에 대한 부르심에 대한 확신도 없었고, 나의 잘못된 가치관인 재정적인 영역에 있어서 타협할 수 없었기 때문에 전임 사역자의 삶을 생각조차 하지 않았지만, 하나님은 나를 그 삶으로 초청하셔서 경험하게 하셨다.

당시 23살 대학을 졸업하고 취업의 문턱에서 기도하며 말씀을 보는 가운데, 전임 사역자가 부담스럽다면 공부하는 동안 협력으로 이 삶을 경험해 보는 게 어떻겠느냐는 제안에 당장은 기도해본다 했지만, 마음에선 분명한 "No"라는 울림이 있었다. 하지만 말씀을 보는데 계속해서 그 제안을 떠오르게 하시고 말씀으로 분명하게 말씀하셨기에 그 삶을 살게 되었다.

그 제안에 "No"라는 대답을 하기 위해 안 되는 이유를 나열하고 있었다.

1. CCC간사는 후원으로 살아간다는 것. 당시 공부를 해야 했기에, 일하며 간사의 삶을 사는 것은 무리였고, 협력간사로 살기 위해 서는 후원을 받는 삶을 살아야 했다. 학창시절 선교를 다니면서 하나님께서 재정을 채우시는 것을 분명히 경험했지만, 단기적 인 삶과 장기적인 2년이란 시간은 매달 후원을 받아서 살아가 야 한다는 부담감이 있었다.

2. 부모님을 설득할 자신이 없다. 휴학을 하는 과정도 대학생활을 하며 선교단체 활동을 하는 것에 대해 늘 학생의 본분을 다해가 며 하길 원하셨고, 이제는 졸업을 해서 직장을 잡을 거라 기대 하시는 부모님께 차마 말할 자신이 없었고, 실망시켜드리고도 싶지가 않았다.

3. 다른 사람들의 시선이 두렵다. 친구들은 다 취업하고 자신의 분 야에 있어서 전문성을 가질 때, 떳떳하게 "나 지금 간사해"라고 말할 자신이 없었다. 위에 3가지 이유를 마음속에 새기며 "하나 님 간사만큼은 안 돼요"라는 답을 했지만, 하나님은 계속 다른 답을 주셨다.

바로 출애굽기 4장의 말씀이었다. 모세를 통해 출애굽을 계획하신 하나님은 모세를 부르신다. 그리고 모세에게 기적을 보여주시고 약속하신다.

1. 지팡이가 뱀으로 변화는 사건
2. 손에 나병이 생겼다가 사라지는 사건
3. 2가지 표적 다 믿지 않는다면 나일강물을 조금 떠다가 땅에 부으면 물이 피로 변할 거라는 약속을 하셨다.

우리가 알다시피 그 다음 모세의 반응은 어떠한가? 모세는 단호하게 거절한다. 마치 모세의 모습이 나의 모습과 겹쳐 보였다. 간사의 삶을 두고 기도할 때, 못하는 이유만 길게 늘어두고 어쩔 수 없이 못한다는 것을 증명하고 싶었던 것이다. 하지만 말씀 속 눈길을 사로잡은 것은 하나님의 반응이었다.

계속 거절하는 모세에게 14절을 보면 화가 나셨다고 나와 있다. 여러 번 말씀을 보았지만 이전엔 주목해서 보지 못했던 장면이었다. 마치 인간적인 마음으로 "너 그렇게 하기 싫어? 그럼 하지마!"라는 화였을까? 아마도 기회를 주시고 모세를 훈련시켜 사용하시려는데 그것을 알지 못해서 계속 다른 소리를 하는 모세에 대한 답답함에서 나온 화였을까?

나답게, 행복하게 살고 싶어

다음 절을 보면 알 수 있듯이, 하나님은 모세에게 아론을 붙여주신다. 즉, 돕는 자를 허락하신 것이다. 모두 잘 알 듯 결국 하나님의 계획에 따라 모세를 통해 출애굽을 이루신다. 이 말씀을 묵상하는 순간, 내게 안 된다고 생각했던 3가지 이유를 기대하는 3가지 마음으로 바꾸셨다.

1. 협력 간사의 삶을 통해 먹이시고 입히시는 하나님을 경험하지 않는다면, 나는 평생을 돈이라는 우상 속에 직업, 앞으로의 삶, 미래의 가정 다양한 영역에서 걸림돌이 될 것이라는 생각이 든다. 공부하는 2년이란 시간 협력간사의 삶을 통해 돈에 대한 두려움을 뛰어넘고 내 삶을 책임지시는 하나님을 경험하고 싶어졌다.
2. 모세를 보내시기 전 기적을 보여주셨던 것처럼 하나님의 계획 안에 있는 일이라면 부모님의 마음도 하나님께서 설득시키실 것이라는 믿음이 든다(이후 실제로 내가 생각했던 것보다 큰 반응 없이 부모님이 그 삶을 허락하셨다).
3. 사람의 시선, 두려움을 넘어 2년이란 시간을 통해 소명을 찾고 싶었다. 4년 내내 찾지 못했던 삶에 대한 물음, 왜 사는지에 대한 답을 찾는 과정이 될 것이라는 기대감이 들었다.

당시 그 삶을 살 땐 알지 못했다. 왜 그 시간이 필요했는지 하지만 인생을 지나오고 뒤돌아보니 유년시절 형성된 돈에 대한 잘못된 가치관과 두려움을 깨는 시간, 훈련의 시간이 필요했다. 예상했던 2년보다 조금 더 길게 나는 2년 반 동안 협력간사의 삶을 살게 되었다. 그 시기에 매달 나를 후원해주고 사역을 중보해주는 동역자들을 통해 먹이시고 입히시는 하나님, 부르심에 동행하시는 하나님을 경험하게 되었다(여담이지만, 그로부터 몇 년 후, 간사의 삶을 사는 남자친구와 결혼을 해서 지금은 사모간사로 함께 이 삶을 살아가고 있다).

친구들은 취업의 전선에 뛰어들 때 나는 2년 반 동안 하나님 앞에서 훈련받는 시간이었다. 재정적인 훈련, 가치관에 대한 훈련, 그리고 소명에 대해 깊게 고민하고, 기도하고 묻는 시간이 되었다. 2년 반 동안 협력간사의 삶을 살다가 파송 받고, 다시 취업의 문턱에 섰을 때 많은 사람이 물어봤다. "2년 반이나 협력간사의 삶을 살았는데 왜 전임사역자로 살지 않아?"

마치 누군가는 내게 시간 낭비한 것처럼 생각하고 말을 걸어오는 사람들이 있었다. 하지만 나는 그 시간이 결코 후회되거나 낭비했다고 생각하지 않는다. 그 시간을 통해 얻는 것이 정말 많았기 때문이다. 그 어떤 누구보다도 하나님과 가까워지는 시간이었다. 내 삶의 주권이 하나님께 있음을 철저하게 인정하는 시간이었고, 하나님이 창조하신 나란 사람을 들여다 볼 수 있는 귀한 시간이었다.

나답게, 행복하게 살고 싶어

07 / 질문을 통해 스스로를 돌아보기

당시에는 깨닫지 못한 이 놀라운 사실들을 〈청년자기다움학교〉의 수업을 통해 나의 인생을 돌아보게 되고, 묵상하게 되면서 깨닫게 되었다. 그 이후, 나는 앞서 이야기한 것처럼 디자인을 배우게 되고, 디자이너의 삶이 아닌 전혀 다른 길을 선택하게 된다.

이전까지는 나와 맞는 직업탐색에 열중하고 있던 나는 말씀 묵상을 통해 소명에 대한 올바른 관점을 가지게 되었다. 직업보다 어떤 가치를 가지고 인생을 살아가야 하는지에 대한 물음이 재차 시작되었다. 하나님은 나를 어떤 모습으로 창조하시고, 나를 통해 이루시고자 하는 선하신 일이 무엇인지에 대한 물음이 시작된 것이다.

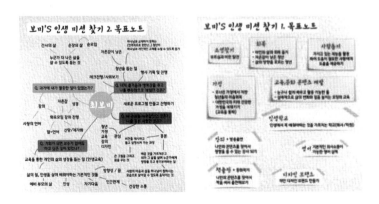

인생그래프와 더불어 목표노트를 작성해 보았다. (2018)

첫 번째 목표노트에서는 버킷리스트를 작성하듯, 해보고 싶은 일, 해보고 싶은 경험, 배우고 싶은 것을 작성해 보았다. 너무 깊은 고민을 하기보다. 단순하게 생각해서 해보고 싶은 것들을 나열하기 시작했다. 두 번째 목표노트에서는 4가지 질문들을 통해 마인드맵을 그려보았다.

Q1. 과거에 내가 열중한 일이 있었는가?
Q2. 내게 즐거움과 행복감을 주고 나를 뿌듯함으로 채웠던 것은?
Q3. 내 관심을 사로잡았던 것은? 나를 흥분시켰던 것은?
Q4. 기회가 되면 보수가 없어도 하고 싶은 일이 있었나?

나와 같은 고민을 하고 있다면 위에 질문들을 스스로 작성해 보아도 좋을 것 같다. 작성 후 나는 목표노트 1과 목표노트 2를 작성한 후 어떠한 공통점들이 있는가를 관찰하게 되었다. 그러면서 발견하게 된 몇 가지가 있었다.

첫 번째, 사람과 함께 할 때 기쁨을 느꼈다.
- 혼자 하는 일도 좋지만, 누군가와 협력하고 소통하고 함께할 때 만족감이 컸다.
두 번째, 누군가를 돕고 싶어 했다.
- 그 누군가의 삶이 더 나은 삶을 살 수 있도록 돕고 싶어 했다.

나답게, 행복하게 살고 싶어

세 번째, 누군가에게 꿈과 비전을 제시하고 동기부여 하는 일을
　　좋아했다.
- 그리고 교육과 관련된 분야에 대한 관심이 있다는 것을 알게
　되었다.

위에 목표노트를 작성하며 과거의 경험을 돌아보았다. 20살 때부
터의 선교단체에서의 공동체 생활 그리고 학생으로 4년, 협력간
사로 2년 6개월을 나는 왜 나의 시간과 열정을 쏟았을까? 라는 질
문 속에 답을 목표 노트를 작성하며 찾을 수 있었다. 바로 그 공동
체에서의 활동 속에 가치를 느끼고 있었기 때문이다. 나의 질문은
꼬리에 꼬리를 물고 다시 질문하기 시작했다.

Q. 나는 왜 6년 반이란 시간 그 공동체에서 어떤 가치 때문에 즐거워하며
　기쁨으로 자원하는 마음으로 있었을까?

내가 느낀 가치들을 나열하기 시작했다.
1. 하나님을 인격적으로 만나지 못한 청년들에게 복음을 전하고
　그들을 양육하고 제자화하며 민족의 복음화, 세계 복음화를 꿈
　꾸는 것에 대한 기쁨과 가치를 느꼈다.
2. 공동체에서 1:1 양육을 하며 유독 자존감이 낮은 청년들, 가정
　이 깨어져 그 속에서 힘들어하는 청년들, 관계에 어려움을 겪는

친구들을 많이 만나며 신앙적인 영역을 넘어서 개인의 어려움들을 함께 고민하고 도우며 조금씩 회복되어 가는 모습에 기쁨과 가치를 느꼈다.

3. 신앙생활은 혼자 할 수 있는 일이 아닌, 함께 마음을 모으고 하나님께 나아갈 수 있는 울타리가 되어주는 공동체가 필요하며 그곳에서 공동체의 가치를 느꼈다.

08 / 드디어! 나를 위해 계획하신 선한 일을 찾다

결국, 나는 질문을 끝으로 "죄로 인해 세상의 다양한 영역이 무너졌고 깨어졌는데, 나는 그 깨어지고 아파하는 영역에 회복을 돕기 위해 이 땅에 하나님께서 부르셨구나"라는 깨달음으로 연결이되었다. 우리는 예수님이 오실 때까지 이 땅에서는 완전한 천국은 경험하지 못할 것이다. 하지만 이 땅에서 작은 천국을 꿈꾸며 작은 영역을 하나님 나라의 가치관에 맞게 회복시켜가는 일을 위해 이 땅에 나를 창조하시고 나를 위해 이루고자 하시는 선한 일이라는 사실을 보게 된 것이다.

내 생각의 꼬리는 내가 시간을 쏟았던 이유와 가치에 대해서 묵상하게 되면서, 6년 6개월이란 시간의 퍼즐 조각들이 맞춰지게 되었다. 길게만 느껴졌던 그 시간 속에, 하나님은 나를 하나님의 부르심 속에 준비시켜 가시기 위해 만나게 한 사람들, 겪게 하신 갈등과 삶의 크고 작은 어려움이 있었음을 알게 되었다. 문득, 지난 6년 6개월의 시간이 없었다면 지금의 나는 없었을 것이고, 이 깨달음 또한 없었을 것이라는 생각이 들었다.

그렇게 나는 다시금 나의 인생의 주권이 하나님께 있음을 인정하게 되었다. 그리고 내가 하는 모든 경험들 중 쓸모없는 경험은 없음을, 그 시간이 때로 힘들고 불편한 시간일지라도 그 시간 속에서 하나님께서 배우시게 하고 나중에 깨닫게 하시는 바가 있음을 깨닫게 되었다.

어린아이가 처음 걸음마를 시작하면서 제대로 걷기 위해 평균적으로 넘어지는 숫자가 이천 번이라는 글을 이전에 본적이 있다. 그런데 이때 부모가 넘어지는 것이 안쓰러워서 계속해서 스스로 일어나는 것이 아닌, 평생을 부모를 의지하며 일어날 수 있도록 하는 부모는 없을 것이다.

우리는 대부분 걸음마를 시작하는 아이에게 스스로 걸을 수 있도록 조금의 도움은 주지만 온전히 아이가 부모만을 의지하여 걸어가는 것을 원치 않는다. 스스로 걸을 수 있는 방법을 터득하게 하기 위해서다. 그리고 아이는 넘어짐을 반복함으로 넘어지지 않는 방법, 똑바로 걸어가는 방법을 터득하여 정상적인 사람처럼 직립보행을 할 것이다. 나 또한 마찬가지였다. 영적으로 아직 어린아이와 같은 나는 아버지 되시는 하나님의 마음을 알지 못했다. 왜 넘어지는 나를 손잡아 주지 않느냐고, 울고불고 생떼 쓰며 하나님을 원망하고 불평했다.

그때 당시에는 이해하지 못했지만 시간이 지나 돌이켜보니, 나는 6년 6개월이란 긴 시간 동안 걸음마를 떼는 시간을 보낸 것이다. 그제야 하나님께서 왜 바로 답을 안주셨는지를 깨닫게 되었다. 6년 6개월이란 긴 시간 속에 수많은 경험들이 없었다면 여전히 나는 세상 속에서 이제 막 발을 뗀 갓난아이처럼 아장아장 기어 다니고 있었을지도 모른다.

"나의 가는 길을 오직 그가 아시나니 그가 나를 단련하신 후에는 내가 정금 같이 나오리라" (욥 23:10)

욥의 고백처럼, 내 삶의 계획과 방향을 모두 아시는 이를 온전히 신뢰하고 나아가는 것, 그것이 믿음이고 나에게 필요한 삶의 태도였다.

나답게, 행복하게 살고 싶어

09 / 나를 부르신 "회복"이란 단어

나의 인생을 돌아보며 의미 있고 가치 있다고 생각했던 경험들과 사건들을 돌아보니 그 안에는 '회복'이란 단어가 있었다. 그 단어를 발견하고 나니, 내 삶의 목적과 이유, 누군가 "너 왜 살아?"라는 질문 속에 드디어 나는 죄로 인해 무너진 영역을 하나님 나라의 가치관을 가지고 다시금 회복을 돕기 위해, 회복을 일으키기 위해, 이 땅에서 살아가라 자신 있게 대답할 수 있게 되었다.

그렇게 나는 춥고 길었던 겨울의 시간에서 드디어 빠져나왔다. 따뜻한 봄의 시간에 들어서고 있었다. '회복'이란 단어를 더 구체화하기 위해 고민하기 시작했다. 세상엔 죄로 인해 무너진 영역이 너무나도 많다. '나는 어떤 영역에서 회복을 도와야 할까?'라는 질문은 시작되었다. 스스로가 그 답을 찾아가는 데는 사실 그리 오랜 시간이 걸리지 않았다. 앞 장(章)에서 보았듯이 나의 과거의 경험들과 사건들 속에 그 답이 있었기 때문이다.

10 / 지나온 나의 삶을 되돌아보기

먼저는 경험에 빗대어 몇 가지 질문들을 던지며 나의 비전을 구체화하기 시작했다.

Q1. 어떤 대상에 마음을 두고 도울 것인가?

   (유아, 아동, 청소년, 청년, 성인, 노인)

청년들을 돕고 싶다. 나 또한 청년이기도 하지만 청년이라는 시기가 인생의 전환점이 될 수 있는 마지막 기회라고 생각되기 때문이다. 물론 청소년기도 중요하다. 유년기는 더 중요하다. 유년기와 청소년기에 올바른 가치관을 형성하지 못한 이들은 청년의 삶이 절박하게 느껴졌기 때문이다. 분명 성인이 되어 인생의 전환을 겪는 이들도 있겠지만, 사람은 중년을 넘으면 자신의 습관과 가치관은 고치기 어렵다. 그렇다면 청년의 시기가 하나님을 만나고 그들의 인생의 전환점이 될 수 있는 가장 중요한 시기가 아닌가.

Q2. 어떤 영역의 회복을 도울 것인가?

이 질문에는 한 가지 대답이 아닌, 여러 가지의 대답이 나왔다.

1) 자아상 회복에 대해

앞서 나의 경험을 이야기했던 것처럼, 선교단체의 순장과 간사로

나답게, 행복하게 살고 싶어

활동하면서 자아상이 깨어지고 자존감이 낮은 학생들을 많이 만났다. 그들과 대화하고 그들의 문제를 함께 고민하고 해결해보기 위해 무던히 노력했다. 관련된 서적과 강의를 찾아보던 기억이 난다. 당시 나는 그런 고민을 해보지 못했다. 자존감에 대해 고민해본 적도 없었다. 나는 하나님이 지으신 존재이며 그 존재 자체만으로 스스로 가치 있는 사람이라 생각하고 자라왔다. 하지만 크리스천이라고 해서 모두 다 같은 생각을 가지고 살아가는 것은 아니었다.

세상에서 이야기하는 자존감과 관련된 책들을 읽으며 깨달은 것이 있다. 하나님을 온전히 알고 그분과의 인격적인 사귐이 있지 않고서는 자존감의 문제는 해결되지 않는다는 사실이다. 세상에 수많은 책은 자존감을 스스로 어떻게 높일 수 있는지 다양한 방법을 제시한다. 그리고 그 방법들을 통해 자존감이 높아진 사례들을 제시한다. 하지만 그 방법들을 자세히 살펴본다면 마인드셋(Mindset), 즉 마음가짐을 어떻게 하느냐에 관한 긍정적인 자극들을 주는 것들일 뿐이다.

이것만 놓고 보면 나의 자존감이 회복되어지는 것처럼 보일 것이다. 하지만 내면 깊은 자아상의 회복을 경험하지 않는다면, 다시금 자존감이라는 것은 처해진 상황과 환경에 따라 변화될 수밖에 없다.

크리스천에게 자아상과 자존감은 다르게 해석될 수밖에 없다. 성경에 따르면, 인간 개개인은 특별한 존재이다. 무언가 잘나서가 아닌, 하나님께서 지으신 이 땅에 하나밖에 없는 존재이며, 하나님의 작품이시다.

성경은 말한다. 우리는 그만큼 가치 있고 존귀한 존재라고(엡 2:10). 하나님의 말씀을 듣고 그 말씀을 온전히 믿는 사람은 자신을 바라보는 자아상의 거울이 다를 수밖에 없다. 하나님 안에서 회복된 자아상은 건강한 자존감과 연결됨을 깨닫게 된다. 하지만 많은 크리스천은 그 사실을 알지 못한 채, 다른 곳에서 때론 인문학에서 그 해답을 찾고자 하는 것을 본다. 나는 이런 영역에 있어서 그들 스스로가 자신이 어떤 존재이고, 어떤 자아상을 가지고 살아가야 하는 존재인가. 깨달을 수 있도록 도와주고 싶다. 자아상은 회복될 있는 영역이라는 생각을 처음 갖게 되었다.

2) 가정의 회복에 대해

이 또한 다양한 만남과 경험 속에서 주신 마음이다. 인생을 살아오며 가정의 역할이 얼마나 중요한지를 깨달아간다. 결혼하고 나서 가정이 하나의 공동체이며, 그 공동체가 건강하지 못할 때 한 사람의 인생에 얼마나 큰 영향을 미치는지도 알게 되었다.

나답게, 행복하게 살고 싶어

나는 건강한 가정에서 자랐다. 나의 가정에서는 부모님이 서로 크게 싸우는 모습을 거의 보지 못했다. 더군다나 큰 소리마저 들은 적이 없다. 그렇기에 '대부분의 가정이 그런 환경 속에서 살아가지 않나'라는 생각을 하며 살아왔다.

하지만 공동체 내에서 크고 작게 들려오는 가정에 대한 기도 제목들을 들었다. 대한민국 가정의 문제와 현주소들을 보게 되었다. 생각보다 많은 이들이 가정 속에서 겪는 어려움이 커 개인의 삶에 영향을 미치고 있음을 보았다. 타인과의 관계에 대한 갈등, 낮은 자존감, 사랑에 대한 잘못된 정의와 애정의 결핍, 또한 가정의 불화 속에서 자녀가 겪게 되는 어려움 등이었다.

하나님이 허락하신 최초의 공동체는 가정이다. 그만큼 가정은 단순한 개념이 아니다. 내 안에 회복해나가고 싶은 영역은 대한민국의 가정이다. 대부분의 청년들은 때가 되면 사랑을 하고 또 사랑하면 결혼을 하여 가정을 꾸린다. 그리고 그 가정 속에 한 아이가 축복 속에 태어난다. 하지만 부모교육을 받지 못한 이들은 아이를 키우는 과정에서 어려움을 겪으며 한 아이의 인생에 큰 영향을 준다. 그리고 그 아이는 성인이 되어서도 문제투성이인 채로 아버지와 같은 삶을 반복하게 된다. 이른바 성인아이인 것이다.

우리는 학생 때 학교와 학원에서 여러 가지 지식을 배운다. 성인이 되어서는 업무에 필요한 영역들을 배워나간다. 관심이 있는 영역에서 돈을 지불하고 수업을 듣기도 한다. 하지만 부모로서의 삶, 한 아이를 키워내고 가정이란 울타리 속에 그 삶의 울타리기 되어주는 수업은 들은 바 없다. 하지만 부모의 삶을 사는 것은 정말 책임감이 따른다. 하나님께서 한 생명을 이 땅에서 맡기신 것이다. 우리는 가끔 문제 있는 행동을 하는 아이를 보면 그런 이야기를 하곤 한다. "가정교육을 어떻게 받았기에⋯⋯. 그 부모의 그 자식이지⋯⋯." 이처럼 세상 사람들 또한 가정의 역할이 얼마나 중요한지 알고 있다.

내가 가정의 역할에 대해 중요성을 깨달았던 때는 20대 초반이었다. 하지만 그 나이 때 나는 할 수 있는 게 아무것도 없었다. 가정의 어려움을 겪고 있는 친구의 이야기를 들으며 함께 공감하고 울고 기도해줄 수 있는 것이 전부였다. 자녀인 우리가 가정을 변화시킬 수 있는 영역은 지극히 제한적이다. '내가 할 수 있는 일이 무엇일까?' 그렇게 고민은 시작되었다. '가정의 회복을 돕고 싶은데 당장 내가 할 수 있는 것은 무엇일까?'

내가 만나는 청년들과 올바른 가정의 역할과 우리가 미래에 꾸리게 될 가정에 대해 상상해 보았다. 부모의 역할은 어떤 모습으로 되어야 하는지 이야기를 나누고 함께 기도하였다. 당장 우리가 속한 가정의 부모님 문제를 변화시킬 순 없지만, 그들을 위해 기도하는 것은 가능하다. 그리고 내가 그 가정의 잘못된 모습을 습득하는 죄를 짓지 않도록 기도하는 것이다. 그렇게 결혼을 하지 않았던 같은 청년으로서 내가 할 수 있는 일은 정말 한정적인 영역이었다. 하지만 청년의 때에 가정의 회복을 위해 청년들에게 올바른 가정관을 심어주는 것은 내가 할 수 있는 최선이었다.

나는 2019년 4월, 27살의 나이에 결혼을 했다. 그리고 지금 결혼한 지 1년이 지났다. 4년 반 연애 끝에 결혼에 골인했다. 같은 공동체에서 매일 지내왔기에 누구보다 남편을 잘 이해하고 가정을 이루면 잘 살겠다고 생각했다. 하지만 현실은 달랐다. 각기 다른 개성을 가진 사람이 만나 가정을 이루고 조화를 이루어간다는 것은 여간 어려운 일이 아니다. 하나님 안에서 한 가정을 세워간다는 것은 꽤 많은 에너지와 지혜가 필요하다. 나와 같은 신혼부부가 아마 많을 것 같다는 생각이 든다. 그런 신혼부부들에게 건강한 가정, 행복한 가정, 그리고 하나님이 원하시는 가정 공동체를 세워가는데 있어서 누군가의 역할이 필요하단 생각이 들었다. 이 땅 가운데 가정이 회복되어 간다, 가정이란 공동체가 건강하게 살아간다, 아, 이것이 이 땅에 하나님 나라의 회복을 일으키는 일이라는 사실을 묵상하게 되었다.

지금 당장 직접적으로 그들을 도울 방법은 없다. 언젠가는 그들을 도우며 이 땅 가운데 하나님 나라의 회복을 일으키고 싶다.

3) 삶의 회복에 대해

마지막 영역은 삶의 회복이다. 나 또한 그랬지만, 삶의 특별한 이유를 찾지 못한 채, 헤매던 시간이 존재했다. 신앙의 유무와 상관없이, 많은 사람들이 분명한 삶의 이유를 찾지 못한 채 살아간다. 그저 자신의 안위와 만족만을 위해 주어진 삶을 살아간다. 갑자기 난관에 봉착했을 때 삶의 다양한 영역들이 무너져버리는 일을 경험하곤 한다. 삶의 목적과 이유가 분명하다면 우린 어려움이 찾아와도 빠르게 삶을 회복할 수 있다. 이름하여 '회복탄력성'이다. 각 개인에게는 하나님께서 이 땅에 부르신 이유가 분명히 존재한다. 그분이 맡기신 선한 일은 다양한 모양, 다양한 영역으로 나누어진다. 하지만 우리 삶의 분명한 것은 그냥 태어난 것이 아니다. 나는 이 사실을 깨닫게 하고 싶다. 또한, 우리에게 맡겨주신 이 땅에서의 목적이 무엇인지를 찾아갈 수 있도록 돕는 일을 하고 싶다.

큰 영역에서는 소명이라 이야기할 수 있겠지만, 나는 그것을 '삶의 회복'이라고 명명하고 싶다. 삶의 목적에 대한 분명한 정의가 우리 스스로에게 있어야만 한다. 어떤 일을 하건, 어떤 사람을 만나건, 어떤 예상하지 못한 상황들이 몰려오든 간에 흔들림 없는 삶을 살아갈 수 있어야 한다. 잠깐 넘어지더라도 삶의 이유가 있기에 오뚝이처럼 일어설 수 있어야 한다. 다시금 회복할 수 있는 회복탄력성을 가진 삶이야말로 잘 살아가는 인생이라고 말하고 싶다.

나의 삶을 돌아보며 회복이란 단어를 떠올릴 때, 나는 앞서 기록한 3가지 영역에 열정을 가지고 있음을 깨닫는다. 사람들을 만나면 이 3가지 영역에서 시간과 에너지를 아낌없이 쏟았다. 이전에는 별생각 없이 했던 일 또한, 하나님께서 이 깨달음을 언기까지의 마음이 가는 영역을 보여주시고 사람들을 만나게 하신 것이라는 생각이 들었다.

뚜렷하게 '나를, 회복을 위해 부르셨구나'라는 마음의 확신이 들기 시작하면서 마침내 내 안에 있던 진로에 대한 거대한 성벽은 무너졌다. 내가 어떤 일을 하건, 어떤 사람들을 만나건 간에 회복을 일으키는 역할을 한다면 나는 이미 '부르신 소명 가운데 그 삶을 충실히 살아가고 있다'는 깨달음이 왔기 때문이다.

11 / 회복디자이너가 되고 싶습니다

회복디자이너라는 단어는 내가 만든 퍼스널브랜딩(Personal Branding)이다. 디자인이라는 분야를 공부하면서 새롭게 깨닫게 된 것들이 있다. 그것은 바로 디자인을 평가하는 기준은 지극히 주관적이라는 사실이다. 누군가 보면 작품이고, 누군가는 "저것도 그림이야?"라고 말한다. 그림도, 디자인도 자신의 취향에 따라 평가가 달라진다. 그렇게 의식의 흐름대로 따라가다가 이런 생각을 하게 되었다.

작품을 그린 작가만이 그 그림을 올바르게 해석할 수 있다. 타인의 시선으로도 분명 해석이 가능하다. 하지만 진짜 그 작품의 진가는 그림을 그린 사람의 의도를 통해서만 알 수 있다. 그렇다면 창조주 하나님만이 인간을 이 땅에 보내신 진짜 이유와 가치를 알고 있다는 사실이다. 그렇다면 디자이너는 어떤 사람인가? 자신이 지닌 재료를 가지고 작품을 완성해가는 사람이다.

한번 생각해보자. 하나님이 창조하신 세상 가운데 다양한 영역들이 죄로 인해 무너져버렸다. 앞서 내가 회복시켜가고 싶은 영역들 또한 여기에 포함된다. 그 영역들은 디자이너가 지닌 재료와 도구로써 작품을 만들어낸다. 나 또한 내가 가진 재료(재능, 은사 등)

를 가지고 무너진 영역을 다시 세워가는 역할을 하고 싶다. 온전한 작품에 대한 이해와 마지막 완성은 하나님만이 아실 것이다. 그렇기에 하나님의 일을 돕는 '회복디자이너'가 되고 싶다. 그게 나의 정체성이고 꿈이며, 앞으로 내 삶 속에서 살아내고 싶은 나의 소명이다. 누군가에겐 추상적으로 들릴 수도 있겠다. 그렇기에 내가 내 삶 속에 어떻게 '회복디자이너'로서 역할을 하기 위해 어떤 삶을 살아갈 건지 이야기하고 싶다.

그렇다면 조금 더 구체적으로 '어떻게 회복디자이너의 삶을 살아갈 수 있을까?'라는 고민이 시작된다. 앞서 이야기한 내가 가진 재료가 무엇인지 탐구하는 시간이 시작된 것이다. 내가 가진 재료에 대해 찾아가는 것은 생각보다 어렵지 않다. 2가지 질문을 던지고 그 질문을 통해 구체화했기 때문이다.

Q. 내가 좋아하고 잘하는 것은 무엇인가?
Q. 내가 좋아하진 않지만 잘하는 것은 무엇인가?

내가 좋아하고 잘하는 것이 분명하다면 어렵지 않게 다음 단계로 갈 수 있을 것이다. 하지만 좋아하나 잘 못하는 영역도 있을 것이고 반대로 좋아하지는 않는데 어렵지 않아 하는 영역도 있을 것이다. 그리고 이게 잘하는 것인가? 그렇다고 '못하는 것 같지도 않은데'라는 애매한 선에 있는 영역도 있을 것이다. 나 또한 그런 영역이 많다.

그래서 나는 잘한다는 것의 기준을 사람들의 평가가 아닌, 나 스스로가 했을 때 어려워하지 않는 것, 성과를 낼 수 있는 것들을 적어 보았다.

Q. 내가 좋아하고 잘하는 것은 무엇인가?

 1. 사람들 앞에서 발표하는 것

 2. 나의 이야기를 나누는 것

 3. 동기부여를 하는 것

 4. 손으로 만드는 것

 5. 공간을 꾸미는 것

 6. 타인과 함께 하는 일

Q. 내가 좋아하진 않지만 잘하는 것은 무엇인가?

 1. 규칙을 만들고 그 규칙을 관리하는 것

 2. 돈 관리하기 (ex. 회계)

나는 두 가지 질문 중 내가 좋아하고 잘하는 것에 대해 더 무게를 두었다. 두 가지로 좁혀졌다. 앞서 이야기한 강의와 디자인이다.

나답게, 행복하게 살고 싶어

평소 사람들 앞에 나와 이야기하고 동기부여 하는 일을 좋아했다. 준비하는 과정도 즐겁게 느껴질 정도로 강의를 준비하던 시간이 생각났다. 그리고 20년 이상을 그림과 멀리 살던 내가 갑자기 배우게 된 편집 디자인으로 인해 디자이너라는 분야에 흥미가 생긴다. 또 내 그림을 좋다고 관심 가져 주는 사람들로 인해 개발해 볼 만한 분야임을 깨닫게 된 것이다. 그렇게 나는 그 두 가지 영역을 내가 실력을 쌓아야 하는 분야로 선정했다.

12 / 현실은 0부터 시작

강의 또는 디자인이라는 채널을 통해 앞서 이야기한 회복을 돕는 일을 할 수 있겠다는 생각이 들었다. 하지만 강사도 디자이너도 아닌 나는 당장 무언가 할 수 있는 힘이 없었다. 마음은 벌써 연단에서 강의를 하거나 디자이너가 되어 그림을 통해 누군가에게 회복을 전하고 있다. 디자이너가 되어 그림을 통해 누군가에게 회복을 전하고 있다. 하지만 현실은 제로베이스부터 시작하는 것이다. 결코, 실망하거나 조급해할 필요가 없다. 하나님께서 나를 강사라는 직업으로, 디자이너라는 직업으로 부르신 것이 아닌, '회복을 돕는 자'로 부르셨기 때문이다. 두 직업은 회복을 일으키기 위한 하나의 수단이지 나의 전부가 아니다. 이 사실을 깨닫기 전에는 당장 눈앞에 보이지 않는 길 때문에 우울하고 힘들었다. 겨울을 빠져나오고 보니 봄에 누릴 수 있는 새싹과 햇살이 좋아서 그 시간들이 아깝지가 않았다. 긴 겨울 속에 아무것도 하지 않은 것이 아닌 봄을 나기 위한 준비를 하고 있었음을 깨달았다.

당장 강의를 하고 싶다 해서 강의를 할 수 있는 것이 아니었다. 콘텐츠도 필요하고, 나의 강의를 필요로 하는 곳도 있어야 하기 때문이다. 나는 긴 겨울 속에 몇 가지 콘텐츠를 배우고 있었다. 시간을 사용하기 위해서는 아니었다. 다만 그냥 관심이 있었기에 배웠던 것들이다. 이렇게 활용되리라고는 꿈에도 몰랐다. MBTI, 이고그램, 5가지 사랑의 언어, 버크만 검사 등을 공부하고, 강사 자격증을 따놓았던 것이 있었기에 실제로 액션을 바로 취할 수가 있었다.

13 / 강의를 통한 사랑의 회복 – 〈사랑의 회복을 돕다〉

다양한 콘텐츠 중, 앞서 이야기한 회복과 관련되어 구체적으로 회복시켜 갈 수 있는 것이 무엇일지 고민했다. 그 시작은 5가지 사랑의 언어다. 5가지 사랑의 언어는 게리 채프먼 박사의 이론이다.

많은 사람들이 관계의 어려움을 겪고 채프먼을 찾아온다. 이혼 위기에 놓인 부부들이 찾아와 상담을 한다. 이혼의 이유는 대개 사람들이 서로 사랑하지 않아서가 아니다. 사람마다 사랑의 언어가 다 다른데 그 언어를 서로 이해하지 못하고 서로의 언어만 구사하기 때문이다. 나 또한 사랑의 언어를 통해 당시 남자친구였던 나의 남편을 이해하게 되었다. 공동체에서 이해되지 않는 지체의 행동을 이해하며 사랑할 수 있는 기회가 되었다. 이 이론을 다른 사람에게도 알려주고 그들의 사랑의 회복을 돕고 싶다.

'5가지 사랑의 언어 인증 강사'로 자격을 부여받았지만, 거의 1년 동안 강의를 하지 않았다. 함께 자격을 받은 많은 강사들이 각자 강의를 열고 강의를 할 때 속으로만 부러워했다. 어떤 액션도 취하고 있지 못했다. 내가 '강의를 하고 싶어'라는 마음보다 사랑이 어그러진 세대 가운데, 잘못된 사랑의 기술 때문에 무너지는 가정, 연인, 공동체들을 보았다. 이들에게 관계 회복을 도울 수 있는 도구란 무엇일까? 이 지점에서 자연스레 '강의를 오픈해야겠다'라는 생각이 든다.

그렇게 '회복디자이너'로서의 첫 도전이 시작된 것이다. 바로 오픈 강의를 통해 사랑의 회복이 필요한 사람들에게 사랑을 전달하는 것이었다. 처음에는 두렵고 떨렸다. '이름도 없는 내 강의에 과연 누가 찾아오긴 할까?' 강의장 섭외부터 강의장 세팅과 홍보와 관리까지 혼자 해야 하는 상황이다. 과연 '내가 잘할 수 있을까?'라는 고민이 꼬리에 꼬리를 문다. 고민을 계속하다 보니 또다시 '스스로가 무언가 하고자 하는 마음'에서 비롯됨을 알게 되었다. 그 순간 하나님께서 내 손을 꼭 잡고는 이렇게 무엇인가를 물어보시는 것만 같다.

"보미야, 네가 걱정하는 것을 다 제외하고 하나만 생각해보자. 한 명이라도 단 한 명이라도 너의 강의장에 와서 네가 전하는 사랑의 메시지를 통해 관계가 회복되고 사랑에 대한 정의가 회복되는 사람이 있다면 그것만으로도 충분하지 않겠니?"

마음속에 그 음성이 들려지자 동의가 될 수밖에 없었다. 두려움이 아닌 기쁜 마음으로 강의를 준비하기 시작했다. 강의장을 구하는 과정, 강의 당일 세팅하는 과정을 돌아보며 돕는 손길들이 있었고, 혼자가 아닌 동역자들을 통해 그 일을 도우시는 하나님을 경험하게 되었다.

지금도 그날을 생각하면 너무나 행복하다. 30명이 넘는 사람들이 토요일 오전 시간을 내어 강의실을 찾아주었다. 커플들도 있었고, 신혼부부도 있었고, 공동체에서 온 팀도 있었다.

나답게, 행복하게 살고 싶어

처음 '회복디자이너'로서의 시작이기도 했지만, 실제로 누군가의 사랑의 회복을 돕는 기회가 되었기에 더 기쁜 마음으로 강의할 수 있었다.

감사하게도 그 시간을 시작으로 지인의 교회에 여름수련회 강사로 초청받아 사랑의 언어를 강의하였다. 지난날 있었던 CCC 선교단체 및 몇몇 대학교의 초청을 받아 강의하며 감사가 넘치는 시간을 보낼 수 있었다.

14 / 그림책을 통한 마음의 회복

그렇게 나는 조금씩 어떤 영역에 회복이 필요하고, 그 회복을 도울 수 있을지 고민하는 삶을 살기 시작했다. 고민을 가지고 디자인을 공부하며 우연히 만나게 된 그림책 한 권을 통해 내 안에 새로운 콘텐츠를 보게 되었다. 어린 시절에 읽었던 그림책들, 그리고 그림책은 어린아이만 읽는 것이라는 나의 지극히 작은 편견을 일깨워 주는 책이 있었다.

바로 『엄마는 해녀입니다』라는 그림책이다. 당시 디자인을 공부하며 내가 좋아하는 색감과 그림체를 가진 작가를 찾아보다가 에바 알머슨이라는 작가를 알게 되었다. 그 작가의 그림이 좋아 작가에 대해서 알아보던 중, 스페인 사람인 그녀가 직접 한국 그리고 제주도에 와서 살면서 해녀의 삶을 관찰하고 해녀의 삶을 담은 그림책을 저술한 것을 알게 되었다. 그 작가의 그림을 보고 싶고 또 소장하고 싶어 그림책을 주문하게 되었다.

나는 그림책을 펴 읽는 순간 강력한 마음의 회복이 일어났다. 나는 무언가 하나 궁금하면 꼬리에 꼬리를 물고 찾아보는 습관이 있다. 책을 주문함과 동시에 책의 작가인 고희영 감독님의 〈물숨〉이란 다큐멘터리(이하 다큐)를 찾아본다. 그 다큐에는 그림책에 담겨있는 내용의 일부와 실제 제주도 해녀들의 인터뷰들과 삶이 그대로 녹아 있었다.

처음 알게 된 '물숨'이라는 단어는 물속에서 쉬는 숨을 이야기한다고 한다. 즉, 해녀들에게 물숨이란 죽음을 뜻한다. 처음 물질을 시작하는 해녀에게 물질을 잘하는 기술을 가르치는 것이 아닌, '물숨'을 조심하라는 가르침을 후배 해녀에게 가르친다고 한다. 자신의 숨의 길이가 끝나가 육지로 나와야 할 때쯤, 이상하게도 좋은 전복과 좋은 해산물들이 눈에 들어온다고 한다. 하지만 순간의 욕심으로 해산물을 잡기 위해 물속에 손을 뻗는 순간, 자신의 숨의 길이가 끝나서 목숨을 잃을 수 있다는 그 이야기가 놀랍게도 그림책에 담겨있다.

책을 보며 인간의 욕심에 대해 묵상하게 되었다. 그림책엔 바다가 주는 만큼만 가져오는 것이 해녀들의 약속이라고 이야기하는 부분을 본다. 또한 하나님이 내 인생에 허락하신 것을 감사로 받는 것, 그것이 우리가 지녀야 할 태도임을 깨닫게 되었다. 내면 깊이 있는 욕심에 대해 돌아볼 수 있는 좋은 시간이었다. 그 그림책을 시작으로 여러 그림책을 알아보고 읽어나가기 시작했다. 책을 읽으며 그림책을 통해 누군가의 마음의 회복과 잘못된 가치관에 대해서도 성경적 가치관을 가지고 이야기를 나눌 수 있겠단 생각들이 들었다.

작가가 크리스천인지는 모르겠지만, 어떤 그림책을 읽다 보면 성경적 가치관과 너무나 잘 맞는 책들을 보곤 한다. 그 속에서 세상에 어그러진 가치관들을 회복할 수 있는 실마리를 보곤 했다.

내 안엔 언젠간 그림책을 직접 글을 쓰고 직접 그려 누군가의 마음의 회복을 돕고 싶은 마음이다. 그런 꿈을 가지고 시중에 나와 있는 좋은 그림책들을 가지고 실제로 누군가의 회복을 돕기 위해 작은 프로젝트를 시작하게 되었다.

바로 '관계'에 대한 주제를 가지고 강연을 열게 된 것이다. 이번엔 혼자가 아닌, 이 책을 같이 쓰고 있는 박예은 작가와 함께 기획하며 준비했다. 인간관계에 어려움을 겪는 세대를 보며 마음이 불편했다. '혼밥'이란 용어가 생겨나듯 혼자 하는 것이 이상하지 않으며, 불편하고 어려운 인간관계에 에너지를 쓰지 않는 세대가 전혀 이상하지 않은 시대가 왔다.

그렇게 관계가 많이 깨어져 있음을 보게 된다. 하나님은 공동체를 만드셨다. 우리에게 공동체를 허락하셨다. 성경 속에서도 혼자가 아닌, 공동체 그리고 동역자가 있었기에 하나님의 일을 감당했던 믿음의 선조들의 모습을 볼 수 있다. 하지만 세상은 거꾸로 가고 있다. 마치 혼자도 외롭지 않아 '괜찮아', '뭐 어때?'라는 메시지를 주며 그 삶을 즐기리라 이야기한다.

잘못된 가치관을 바로 잡고 싶은 마음, 관계에 어려움을 겪는 사람들에게 관계의 회복을 선물하고 싶은 마음으로 강의를 준비하게 되었다. 앞서 이야기한 그림책을 통해서 말이다. 『곰씨의 의자』라는 그림책이다. 너무나 재미있는 그림책이다. 인간관계에 바운더리를 고민하게 되고 타인과 적당한 거리가 얼마나 중요한지에 대해 고민해보게 되는 책이기 때문이다.

나답게, 행복하게 살고 싶어

그렇게 나는 앞서 그림책에 대해서 강의를 했다. 그림책이 어떤 책인지, 그림책에 대한 내가 가졌던 편견을 깨는 시간이었다. 우린 그림책을 어떻게 하면 더 잘 볼 수 있는지에 대한 이야기를 나누었다. 그리고 함께 그림책을 읽고, 그림책을 토대로 관계에 대한 강의를 박예은 작가가 이어갔다.

이 시간을 통해서 '그림책에 대해서 다시금 생각해보게 되었다'는 참석자들의 이야기를 들으며 감사했다. 그림책이라는 매개체를 통해서 누군가의 마음의 회복을 도울 수 있다는 사실이 감사하다. 그 가치를 나눌 수 있음에 감사하다. 또한 그림책을 통해 우리가 이야기하고자 했던 '관계'에 있어서도 자신을 돌아보고 타인과의 관계 맺음에 대해서 다시금 생각해 볼 수 있는 계기가 되었다며 강의에 고마움을 표시하는 이들도 있었다.

요즘, 나는 여러 그림책을 찾아 읽고 있다. 개인적으로 나의 마음에 회복감을 줄 때도 많고 그림책들을 읽으며, 이런 회복이 필요한 사람에겐 이런 그림책을 추천해주고 싶다는 마음을 가지고 정보를 모으고 있다. 청년들에게 그릇된 가치관을 바로 잡아 줄 매체가 바로 그림책이 될 수 있다고 생각한다. 회복을 일으키는 현재 나는 삶을 꿈꾸며 이 분야를 공부해나가는 기쁨이 있다.

앞서 이야기한 회복들을 별개로도 공동체가 하나 되기 위해 서로를 알아가고 이해할 수 있는 도구가 있다. MBTI, 이고그램, 버크만 검사 등이다. 공동체에 필요와 서로를 알아가고 이해할 수 있는 이와 같은 강의들이 계속되면 좋겠다.

회복이란 단어가 나의 삶에 오기까지, 이전엔 단순히 즐거워서 강의했다. 사람들 앞에서 이야기하고, 도전해보는 것이 재미있고 가치 있는 일이라고 생각했기 때문이다.

하지만 이제는 조금 다르다. 단순히 즐겁고 의미 있고 가치 있다고 생각하는 선을 넘어선다. 하나님께서 내게 맡기신 선한 일, 세상에서 죄로 인해 어둡고 무너진 영역의 회복을 돕는 일이라는 사명으로 감당한다. 강의라는 매개체를 통해 내가 할 수 있음에 감사하는 마음으로 강의하고 있다.

15 / 디자인을 통해 회복을 일으키다

디자인이라는 기술을 배우며, 처음엔 전문적인 일을 하기 위한 필요성에 의해 디자인이라는 분야에 뛰어들었다. 하지만 시간이 지

나답게, 행복하게 살고 싶어

날수록 이 또한 하나님의 계획안에 있는 시간임을 깨닫게 되는 사건들이 있었다. 나는 디자인 전공생도 아니다. 앞서 이야기했다시피 식품생명과학을 전공하고 상담심리를 공부했다. 전혀 나와는 연결되지 않는 분야다.

유년 시절, 잠깐 미술학원 다닌 것이 나의 그림 공부의 전부다. 학창 시절 미술 시간에도 흥미는 크지 않았다. 그런 내가 26살이 되어 다시 미술이란 분야에 관심을 가지기 시작한 것이다. 20년간 그림을 그리지도 않고 전문적으로 배워보지도 않은 나의 그림에 관심을 가져 주는 사람들을 보며 신기했다. 누구나 다 그릴 수 있는 것 같은 그림을 보고도 사람들은 그림에 나만의 색이 있음을 말한다. 따뜻함이 느껴진다고 이야기를 해 준다.

이야기를 듣다 보니, 그림 속에 묻어나오는 따뜻함을 통해 회복을 일으킬 수 있다는 생각을 갖게 되었다. 나는 무언가 예쁜 것을 보고, 예쁜 공간에 가고, 이미지화되어 있는 것을 좋아하는 사람이다. 눈에 예쁘게 느껴지는 것을 보고 마음의 힐링을 얻을 수 있기 때문이다. 아마 사람마다 다르겠지만 나와 같은 사람들이 있다면, 때론 나의 그림이 누군가 힘들 때 웃음 짓게 하는 매개체, 때론 어떤 메시지를 전달해주는 매개체가 될 수도 있겠구나 라는 생각이 들었다.

〈글레멘드_마인드트립 카드〉

처음 그림을 통해 회복을 돕게 된 프로젝트가 있다. 바로 소통카드를 만들게 된 것이다. 〈청년자기다움학교〉에서 만난 청년들과 함께 팀을 꾸리게 되었다. 평소 사람들과의 관계 회복, 소통의 회복, 팀 문화에 대해 관심을 가지고 있던 청년들이 내게 함께 보드게임형 카드를 만들자는 좋은 제안을 했다. 그리고 그 카드 속에 들어갈 그림을 그리게 되었다. 그림을 그리며 정말 행복했다. 이 카드 게임을 하며 서로를 알아갈 사람들의 모습이 상상이 되기도 하며, 나의 그림을 보며 소소한 마음의 따뜻함을 느낄 사람들을 생각하니 즐거운 마음으로 프로젝트를 진행할 수 있었다.

실제로 제품이 나오고, 제품이 판매되자 사람들이 직접 사용해 본 이야기가 나온다. 서로 오래 알고 지냈지만 이렇게 깊은 대화를 해본 적이 없었는데 마인드 트립 카드를 통해서 서로 더 깊게 알아갈 수 있어서 좋았다는 이야기다. 이런저런 이야기가 들려올 때마다 관계의 회복과 소통의 회복을 돕고 있는 것 같아 감사한 마음이 든다.

〈개인 SNS 그림 작업〉

마인드트립 카드 그림을 그리기 시작하며 개인 그림을 차곡차곡 그리기 시작했다.

나답게, 행복하게 살고 싶어

하나님과의 개인적인 묵상을 그림으로 그려보기도 하고, 일상 속에 느껴지는 감정을 그림 속에 담아 사람들과 나누고 공유하며 그림을 통해 회복을 전달하려고 하고 있다.

이런 작업들은 내게 행복감을 준다. 무언가 잘되기 위한 목적성을 띠고 그림 작업을 하는 것도 아닌, 하나님 안에서 내 소명인 회복을 위해 그려내는 그림들을 그릴 땐 부담 없이 자유롭게 그릴 수 있기 때문이다.

〈회복 아틀리에〉

그림을 통해 또 무언가를 할 수 있을까 고민하다가, 지인들에게 선물을 하기 시작했다.

지인들의 행복했던 순간을 그림으로 그려 공방에서 직접 나무를 페인트칠하고 액자를 만들기 시작했다. 그러면서 몇몇으로부터 그림 판매를 해보는 게 어떻겠냐는 제안이 들어왔다. 처음엔 고민했다. 내가 아니어도 이미 그 분야에 있어서 빛을 내는 사람들이 많지 않은가. 그림을 통해 수익을 창출할 생각을 해보지 못했기 때문이다. 하나님 앞에 기도하며 가치를 판매하는 사람이 되고 싶었다. 단순한 제품이 아닌, 그 사람의 인생의 이야기가 담긴, 그림을 그려서 행복했던 순간, 의미 있는 사람과의 가치를 판매하고 싶어졌다. 그렇게 다시금 나만의 작은 프로젝트가 시작되었다.

인생을 살다 보면 누구나 바쁜 일상 때문에 소중했던 순간을 잊고 살아간다. 그 순간 내가 그린 그림이 누군가의 방에 놓여있다면 그때 그 그림을 보며 그 순간의 기쁨과 감정, 그리고 그 사람과의 관계가 다시 회복되는 시간을 꿈꾸며 그림을 그려가고 있다.

16 / 인생의 봄이 찾아왔지만, 여전히 내 안에 존재하는 고민들

길고도 추웠던 겨울은 지나고 회복이란 단어가 나를 찾아온 후, 난 봄에 입문하게 되었다. 여러 활동들을 하며 나름의 소명의식을 가지고 삶을 살았지만, 여전히 내게는 고민들이 지속 되었다. 겨울의 시기에는 겨울만 지나면 이런 고민을 하지 않을 거라 생각했지만, 그 고민의 영역이 다를 뿐이지 계절에 따른 고민은 늘 존재한다는 사실을 깨달았다.

앞서 잠깐 언급했던 것처럼, 직업과 소명은 다르다는 사실과 회복디자이너라는 나의 퍼스널브랜딩을 하나님 앞에서 그렇게 살아가기로 결정하고 나서 현실적인 생활을 이어가고 살아가기 위해서는 직업이 필요했다. 하지만 내 안에 분명했던 마음은 '어떤 직업이건 간에 내가 가진 소명의식을 가지고 그 직업 안에서 담아낼 수 있

나답게, 행복하게 살고 싶어

다면 충분해' 라는 마음을 가지게 된 것이다. 그런 마음을 가지고 본격적인 취업준비를 하려고 할 때쯤 지인으로부터 기독교대안학교에 행정을 뽑는데 지원해보는 게 어떠냐는 제안을 듣게 되었다.

당시 나는 교육에 관심은 많았지만, 대안학교에 대해 아는 것은 아무것도 없었으며 대안학교가 무엇을 하는 곳인지조차도 몰랐다. 집에서 학교까지 1시간 30분이라는 먼 거리에 고민하며 자기소개서를 작성했다. 당시 내 마음은 취업에 대한 조급함보다는 편안한 마음으로 되도 감사, 안 되도 감사라는 마음으로 자기소개서를 작성했던 것 같다. 학교에 제출하기 위해 쓰게 된 자기소개서에서 나의 지난 겨울의 6년을 돌아보고 써 내려가는 시간이었기 때문이다. 기독교 학교였기에 질문 속에서 하나님과의 관계를 돌아볼 수 있었고, 지난 6년간 내 삶 속에 동행하신 하나님을 떠올리며 글을 작성하며 스스로에게도 삶을 기록할 수 있는 좋은 시간이 되었다.

이전까지는 강의하고 싶었고, 바로 직전엔 취업을 위해 디자인을 배웠기 때문에 대안학교 행정이라는 타이틀은 내가 하고 싶은 것도, 가려던 길도 아니었다. 더불어 청년사역을 하던 내게 청소년이라는 대상은 낯선 대상 그 이상도, 그 이하도 아니었다. 하지만 내 안에 분명한 마음은 한가지였다. '그곳에 부르신 이유가 있다면, 그곳 가운데서 내가 할 수 있는 방법으로 회복을 일으키는 삶을 살아야지, 직접적으로 학생들과 만나지 못하고 소통은 없더라도 그들의 아픔을 보고, 학교라는 공동체의 아픔을 보고 나의 삶의 자리에서 기도한다면 그것 또한 회복을 일으키고 있는 하나의 모습이겠지?'라는 단순한 마음을 가지고 갔다. 서류합격과 면접을 통해 일을 시작할 수 있게 되었다. 1년 3개월이란 시간 동안 그곳에서 일하였다. 결론부터 얘기하자면, 내가 생각했던 시간은 아니었지만, 그곳에서의 시간을 후회하진 않는다.

배움을 위해 그 시간을 내게 허락하셨다고 느끼기 때문이다. 일을 하며 나를 더 발견하게 되는 좋은 시간이었다. ENFP 성향의 나는 단순 반복적인 업무를 무척이나 싫어하고, 힘들어한다는 사실을 발견하였다. 틀에 박힌 것을 싫어하고, 아이디어를 내고 무언가 새로운 것을 만들어 내는 일을 좋아하는 사람이라는 사실을 잘 알고 있다. 뿐만 아니라 시키는 일은 무엇이든 다 잘할 수 있는 무난한 성격이기에 책임감 있게 잘할 수 있을 거라 생각했지만 착각이고 오산이었다. 6개월이 지나자 반복되는 일로 인해 흥미가 떨어지기 시작했고, 무엇보다도 내 성향에 맞지 않을 때 오는 어려움을 온몸으로 느끼게 되었다.

당시 퇴근 후, 미술학원을 다니기도 하고 배우고 싶었던 것을 배우며 하고 싶은 것을 맘대로 할 수 있는 저녁이 있는 삶이 무척 즐

나답게, 행복하게 살고 싶어

거뤘고 행복했다. 앞 장에서 이야기한 나의 모든 활동은 직장을 다니면서 그 외의 자투리 시간을 활용했던 일이다.

일과 하고 싶은 것이 분리되어 1년 정도는 만족스러운 삶을 살았었다. 하지만 직장에서 좋아하고 잘하는 일과 그렇지 않은 일을 할 때면 때로 회의감이 들었다. 다시금 이렇게 가고 있는 것이 맞는가. 하나님께 기도하는 시간이 점점 많아지기 시작했다.

심사숙고 끝에 1년 3개월 만에 일을 그만두게 되었다. 하지만 결코 이 시간을 후회하진 않는다. 돈 주고도 살 수 없는 아주 귀한 깨달음이 있었기 때문이다.

① 나에 대해서 직접적으로 알게 된 시간이었다. 단순히 MBTI, 애니어그램에서 나는 이러이러한 유형이라고 검사를 통해 알고 있지 않았는가. 하지만 '나는 정말 이럴 때 일에 능률이 오르고 이런 일을 할 때 행복감을 느끼는가.'라는 사실을 실전에서 깨달을 수 있었다. 나는 사람들과 직접적인 소통하는 일을 할 때 즐겁게 느낀다. 현장형의 사람인 것이다. 그런 내가 사무형의 사람이 되어 사무실에 앉아 있었던 것이다.
② 공부하고 투자할 수 있는 시간이었다. 출근이 빠른 만큼 퇴근도 빠르고 방학도 있는 곳이 학교다. 친구들이 야근할 때 나는 빠

른 퇴근으로 운동을 하고, 배우고 싶은 미술학원에 등록해 미술을 배워보기도 하며, 책도 정말로 많이 읽는 시간이었다. 그만큼 나를 위해 투자하고 활용할 수 있는 시간과 재정이 마련된 기간이었다. ③ 관심이 있었던 교육계의 현실을 보게 되었다. 이 책에 다 담아낼 수는 없지만, 내가 기대하던 대안학교에 대한 이상과 현실을 보게 되었고 다음세대의 청소년들을 교육하는 것이 참 쉬운 게 아님을 깨닫고 청소년들을 위해 기도하는 시간이었다.

이밖에도 많은 깨달음이 존재하지만 지면의 한계로 여기에 다 적기는 어려울 것 같다. 나는 내가 할 수 있는 선택 중에 항상 최선의 선택을 하기 위해 노력했다. 내가 정말 하고 싶은 일을 하기 위해선 하기 싫은 일도 해야 된다는 것을 깨달았다. 결국 취업을 선택했고 원하는 방향은 아니었지만, 내가 정말 좋아하는 일을 하기 위해 투자하는 귀중한 1년 3개월이었다.

'맨땅에 헤딩'이란 말이 있다. 가능할 수도 있지만, 세상을 살아보니 마음만 앞서고 실력이 없는 사람보다 실력 있는 사람을 더 필요로 하는 사회에 우린 살고 있다. 그렇다면 일단 내게 주어진 기회가 되는 일을 하며, 하고 싶은 일을 하기 위한 실력을 쌓을 수 있는 시간을 갖는 것도 좋은 방법이 될 수 있다. 물론, 이것이 정답이 될 수는 없다. 그러나 나는 그런 방법을 선택했고 그 시간이 결코 후

나답게, 행복하게 살고 싶어

회 되지 않고, 만족스러운 시간이 되었노라고 얘기할 수 있다.

당시 학교를 그만두며 다음 스텝이 없는 상황이었다. 무언가 큰 계획을 가지고 그만둔 것이 아닌 학교의 상황과 나의 무료함과 맞물리는 상황 속에 내린 선택이었다. 내 안에 하나님과 깊이 있는 대화를 통해 앞으로의 시간을 결정하고 싶었기 때문에 일을 그만 두자마자, 남편과 함께 필리핀으로 3주간 선교를 나갔다. 그 시간을 통해서 지난 삶을 내 안에서 정리하고 앞으로 어떻게 살아갈지 하나님께 묻고 싶었기 때문이다.

그렇게 "하나님, 저 이제 한국에 돌아가면 어떻게 해야 하죠?" 결혼한 지 9개월 차였을 때. 이젠 정말 내가 스스로 나의 인생을 우리 가정을 책임져야 할 어른이 되어 있었기 때문에 나의 마음은 무거웠다. 나의 월급이 많았던 것은 아니지만, 한 사람의 월급이 없는 상태로 남편의 월급만으로 살아가야 하는 시간을 기약 없이 살아야 한다면 '우리 가정이 잘 살아갈 수 있을까?'라는 고민이 내 마음을 어지럽게 했다. 불행인지, 다행인지 하나님은 응답이 없으셨다. 이전의 삶 속에서도 나를 입히시고 먹이신 하나님을 다시 한 번 신뢰하는 믿음의 고백을 드리며 한국으로 돌아왔다.

그렇게 돌아온 한국에서 또다시 선택의 기로에 놓이게 되었다. 지인의 소개로 한 회사의 디자이너로서 대표님을 만나게 된 것이다. 취미 정도의 수준에서 디자인을 생각했던 내게 학교에서 일하는 동안도 계속해서 그림과 관련된 의뢰들이 왔었다. 스스로가 보아도 특별나게 그림을 잘 그리지 않는다 생각하는 내게 그림과 관련된 기회들이 올 때면 그저 감사하게 할 수밖에 없었다. 그런데 이제는 취미를 넘어 업으로 일할 기회가 온 것이다.

내 안에 디자인이라는 분야를 두고 고민이 있었다. 디자인에 하나님 나라의 가치를 담아내며 일을 할 수 있을까? 우리나라의 디자이너들이 얼마나 고생하며 쉽지 않은 업계라는 것을 알기 때문에 '회복'이란 마음을 가지고 나아갈 수 있을까 라는 고민이었다. 일을 관두고 일주일 후 필리핀으로 3주간 떠나고 그렇게 한국에 들어온 지 일주일 만에 지금의 대표님을 만나고 일을 시작하게 되었다. 지금 나는 파트너 디자이너로 일하고 있다. 사무실엔 일주일에 한번 정도 나가며 나머지 시간은 재택으로 근무하고 있는 것이다. 한 달 만에 내 삶의 많은 변화가 일어났다.

스스로가 시간을 지혜롭게 활용하지 않으면 하루를 아무 의미 없이 보내 버리기 쉬운 프리랜서가 되어버린 것이다. 그렇게 프리랜서로 지내고 있는 시간 동안 현장에서 일하며, 실력을 쌓는 것에 대한 중요성을 보게 되었다. 어떤 직종이건, 어떤 분야이건 간에 실력이 없으면 아무것도 할 수 없다는 것을 깨닫게 되었다. 그렇게 홀로 고뇌하는 긴 겨울의 시간 동안 나는 내 꿈을 찾아 헤매고 있었다. 꿈을 찾기만 한다면, 내 삶은 너무나도 쉽게 풀릴 것만 같았기 때문이다.

하지만 막상 하나님 안에서 개인의 소명을 발견하고 나니 더 어려웠다. 내게 찾아온 봄날은 따뜻함은 잠시, 봄에 맞는 옷과 계절을 즐길 수 있는 준비가 필요했다. 마치 나는 겨울옷을 입고 봄을 온전히 즐기지 못하고 있는 것만 같았다. 전혀 새로운 분야에서 일을 시작하게 되면서 내 안에 두껍게 입고 있던 겨울옷을 조금씩 벗어내는 과정이 필요했다. 처음에는 옷을 갈아입어야 하는지도 모른 채 "왜 이렇게 덥나?"라는 생각 속에 그 시간을 버거워했다.

처음 몇 개월은 회복이라는 단어를 나의 디자인에 담아내기보다, 현장을 익히고 배우는 것에 에너지를 쏟기 바빴다. 마음처럼 나오지 않는 결과물들을 보며, 남몰래 속상한 마음과 더 잘하고 싶은 마음은 앞섰지만 한 번에 실력이 늘 수 있는 영역이 아니라는 것을 깨닫게 되었다.

로고디자인, 보드게임 디자인의 모든 작업을 혼자서 맡아서 해보기도 하며, 상세페이지 작업과 홈페이지 세팅하는 것까지 내가 생각했던 디자인이라는 분야보다 더 다양한 영역을 하게 되면서 덥지만 더운지도 모른 채 재미있게 3개월을 보냈다. 그렇게 3개월이 지나고 보니, 이제야 내가 아직도 겨울옷을 입은 채, 봄을 즐기지 못하고 있음을 깨닫게 되었다.

그렇다면 나는 봄을 어떻게 맞이해야 할까? 지금 나의 삶 속에서 어떻게 할 수 있을까를 고민하기 시작했다. 아마도 모든 디자이너가 공감할 수 있듯이, 회사에서의 디자인 작업은 나의 의도와 다르게, 내 생각과 다르게 고객의 필요에 따라 만들어야 하는 경우가 많다.

그런 상황 속 가운데 어떻게 하는 것이 하나님을 알지 못하는 디자이너들과 다른 모습으로 소명의식을 가지고 일하는 것일까? 난생 처음 던져보는 질문이다. 사실 명확한 답도 존재하지 않는다. 디자인이라는 것은 사람들에게 이미지화되어 보이는 것이다. 때로는 가치관을 담아낼 수도 있으며, 사람들의 마음 변화를 불러일으킬 수도 있는 툴(tool)이다.

그렇다면 먼저 그 툴에 대한 이해와 툴을 자유롭게 다룰 수 있어야 원하는 것을 디자인에 담아내고 컨트롤 할 수 있지 않을까. 하지만 나의 실력은 자유롭게 툴을 다루기에는 공부가 필요했다. 어

떤 분야에서 선한 영향력을 나타내기 위해서는 현장에 대한 이해
와 공부, 그리고 실력이 필요함을 보게 되었다. 나는 디자인이라
는 분야였지만, 각자가 하고 있는 일, 또는 소명을 이루기 위해 비
전과 목적을 세우는 과정엔 현장에 대한 공부와 이해 그리고 실력
을 쌓는 것이 필요할 것이다.

17 / 인생의 봄을 맞이하는 자세

그렇게 봄을 맞이하는 나의 첫 번째 액션은 현장을 이해하고 공부
하는 과정이었다. 실제적으로 디자인 툴을 자유롭게 다루기 위해
관련된 책도 사서 읽어보고, 유튜브 강의도 들어보면서 다른 사람
들이 해놓은 디자인을 많이 보는 시간을 가졌다. 이전에는 그냥
지나쳤던 디자인 하나하나가 이제는 "이렇게 디자인했구나, 이런
기능을 활용했구나, 저렇게 표현하니 깔끔하게 이야기하고 싶은
것을 시각화할 수 있구나"라는 생각들이 자연스럽게 들기 시작했
다. 길을 가다가 눈을 사로잡는 디자인은 촬영하며 아이디어를 얻
기도 하는 시간을 갖고 있다. 감사하게도 그 시간들이 내게 즐겁
게 느껴진다.

두 번째 액션은 다른 누군가에게 배우고 습득한 것을 가르쳐주는 것이다. 제일 좋은 공부는 내가 배운 것을 다른 누군가에게 설명해주고 가르쳐줄 때 내 것이 된다는 것이다. 나의 실력이 충분하진 않지만, 이제 일러스트와 포토샵을 입문하고 배우고 싶은 사람들에게는 도움을 줄 수 있기 때문이다. 그런 생각을 가지고 있는 찰나, 도움을 요청하는 사람들이 생기기 시작했다.

제일 먼저 내게 도움을 요청해온 분은 50대 여성분이다. 강의 일을 하며 매번 누군가에게 포스터 제작을 맡기는 게 부담스러워 간단한 작업을 하고 싶으나, 책을 보고는 잘 모르겠다며 도움 요청을 해오셨다. 사실 디자인 일을 하며, 학생들을 만나는 사역을 하며 또 일을 벌이고 시간을 내어 누군가를 돕는다는 것은 내게 도전의 영역이었다.

하지만 나의 소명처럼, 디자인을 통해 누군가의 삶의 회복을 돕고, 배우고 가르쳐주며 대화하는 시간을 통해서 내가 생각했던 것을 넘어 마음의 회복이 되는 시간이 된다면 그 시간은 내게 너무나 의미 있고 가치 있는 시간이 될 수 있을 것이라는 마음을 주셨다. 그렇게 실제로 수업을 진행하며, 너무 기뻐하시는 모습으로 "보미야 이건 마치 복음을 경험한 느낌이야"라는 표현을 해주시면서 필요가 있는 사람에게 도움을 줄 때 오는 기쁨을 누릴 수 있게 되었다.

이후, 디자인을 가르쳐줄 수 있는 기회가 다시 찾아왔다. 대학 방학이 찾아오며 조금 더 의미 있는 시간을 보내고 싶고, 디자인을 배워보고 싶다는 청년들을 통해 수업을 준비하게 되었다. 일러스트 한 달, 포토샵 한 달, 아이패드로 드로잉 시간까지 해서 거의 2달이 넘는 기간 동안 수업을 하게 되면서 지난 수업과는 다르게 나 또한 공부하고 준비해야 하는 영역이 많아졌다. 하루 진행했던 수업보다는 더 세밀하게 결과물을 만들 수 있게 도움을 줘야 했기 때문이다. 오히려 누군가에게 도움을 주는 일이 나의 성장을 돕는 일이 된 것이다.

마지막 액션은 나의 소명의식을 늘 기억하며 하루하루를 살아가는 것이다. 당장 생각하는 것처럼, 무언가 결과를 낼 수는 없다. 하지만, 나를 통해 선한 일을 계획하시고 약속하신 하나님의 말씀을 기억하며 하루를 감사로 살아내는 것이다. 짧은 인생을 살아보니, 내가 생각하는 타이밍과 하나님이 생각하시는 타이밍이 다를 때가 존재한다. 때론 돌아가는 것처럼 보이는 시간 속에서도 하나님이 계획하신 타이밍에 준비되기 위한 시간이었고, 필요 없는 경험처럼 느껴지는 순간들 속에서도 분명히 깨닫는 것이 있음을 알게 되었다. 그렇기에 소명을 이루기 위해 나를 준비시키시는 시간을 감사함으로 주어진 하루를 감사히 살아가며 실력을 쌓아가는 것이 내가 지금 할 수 있는 최선임을 묵상하게 되었다.

18 / 내가 봄날을 즐기는 방법

나는 지금, 인생의 봄날을 지나고 있는 것 같다. 겨울에서 막 봄을 지나쳤을 때는 무작정 따뜻한 날씨에 좋아했지만, 겨울옷을 벗지 않은 채 그대로 봄날을 살려다 보니, 봄날을 즐기기보다는 버거워하고 있었다. 이제 막 나는 겨울옷을 벗어내고 봄옷으로 갈아입는 시기를 보내고 있는 중이다.

인생은 계절과 같다. 겨울처럼 매섭게 추위를 경험하기도 하고 봄날처럼 따뜻함을 경험하기도 하며 여름처럼 너무 뜨거워서 더위를 겪기도, 가을처럼 쓸쓸함을 느끼기도 한다. 그렇게 우리의 인생은 계속해서 봄, 여름, 가을, 겨울을 겪어낸다. 하지만 우리가 기억해야 할 것은 단 한 가지이다. 봄이건, 여름이건, 가을이건, 겨울이건 그 과정 속에 하나님이 함께하신다는 사실이다. 당신이 인생의 겨울 속에 매섭게 추움을 경험하고 웅크리고 있는 그 순간에도 하나님은 함께 하셨다. 따뜻한 봄날 햇살을 느끼며 행복해 할 때도 하나님이 함께 하셨다. 뜨거운 햇살이 나를 비추어 숨이 막힐 정도의 더위 속에도 하나님은 함께 하시며, 나무들의 무성한 잎이 시들고 낙엽을 떨어뜨리고 외롭고 쓸쓸한 그 순간에도 하나님은 함께 하셨다는 사실이다.

나답게, 행복하게 살고 싶어

'회복디자이너'로서의 삶을 꿈꾸며 앞으로 살아갈 날 가운데, 하나님이 동일하게 함께 하실 것이다. 내가 꿈꾸는 시기와 원하는 때에 무언가 이루는 것이 없더라도 나는 감사할 수 있다. 나를 통한 선한 일이 분명하심을 믿는다. 그분이 원하시는 때와 시기 속에 나의 삶을 통해 회복을 이루실 것이라는 사실을 믿음으로 고백할 수 있기 때문이다.

단순히 하나님의 때와 타이밍을 기다리는 이야기가 아니다. 나의 최선과 하나님의 타이밍이 마주하는 순간, 회복이 일어날 것이라는 믿음이 있다. 그렇다면 나는 '지금 이 시기에 어떤 최선을 다해야 할까?'라고 고민하게 된다.

나의 겨울의 최선은 하나님이 나를 부르신 부르심을 알아 가는데 모든 초점과 시간과 에너지를 쏟는 것이었다. 지금 나의 봄날의 최선은 공부하는 것이다. 바로 **하나님 나라의 가치관을 공부하고 세상을 공부하고 현장을 공부하고 실력을 쌓는 것이다.**

나는 세상에서 선한 영향력 있는 하나님의 자녀로 살아가고 싶다. 그렇기 위해서는 먼저 하나님을 바로 아는 믿음의 태도와 가치관이 필요하다. 우리는 천국을 소망하는 사람들이다. 그리고 이 땅에서 작은 천국을 일으키기 위해 각자의 소명에 따라 살아가야 한다. 먼저는 하나님 나라에서 이야기하는 가치관이 내 안에 바로 앎이 필요하다. 앞서 말한 대로 자아상에 대한 올바른 관점, 가정에 대한 가치관, 소명에 대한 가치관들을 성경 속에서 하나님께서 가르쳐주시는 것을 깨닫고 배우길 원한다. 그 가치관을 가지고 세상에 나아가는 자세가 필요한 것이다.

하나님 말씀을 알기 위해 말씀을 읽고 묵상하는 것은 신앙생활의 기본이다. 하지만 그것은 일상이 바쁘면 나도 모르게 제일 먼저 놓치게 되는 영역이다. 내 안에 내가 살아가는 이유와 목적 또한 하나님 안에 있음을 기억하고 바쁘게 살 때, 나는 무엇을 위해 이렇게 살아가고 있는가를 돌아보면 다시금 하나님 앞에 나아올 수밖에 없는 순간들을 많이 마주하게 된다. 그 외에도 기독교 세계관, 역사관을 저술해 놓은 책들을 읽으며 하나님 안에서 자아상과 가정과 소명이라는 3가지 영역을 바로 알기 위해 노력하는 시간을 가지려 노력하고 있다.

그다음은 세상을 공부하는 것이다. 단순히 이분법적인 사고로 하나님 나라와 세상을 분리해서 보기보다 내가 육신의 몸을 가지고 살아가고 있는 이 세상을 하나님의 눈으로 보고 관찰하는 시간을 갖는 것이다. 매스컴을 통해 전달되는 소식들을 통해 사회의 산적한 문제들을 보고 알 수 있다.

나답게, 행복하게 살고 싶어

최근 나는 가정과 관련되어 계속해서 보게 되며 마음이 가는 영역은 가정 내 폭력이다. 최근 세계적으로 팬데믹을 겪으면서 청소년들이 학교에 가지 못하고 집에 머무는 시간이 늘어나며 자연스럽게 부모와 함께 하는 시간이 늘어났다. 그로 인해 부모와 자녀가 많은 시간을 보내며 소통이 일어난다는 기사보다는 가정폭력이 늘어났다는 기사를 많이 접하게 된다. 그 외에도 자녀를 폭행하여 숨지는 사건들의 기사들을 보며 기도할 수밖에 없었다.

세상을 공부하고 하나님의 눈으로 관찰할수록 마음의 답답함은 점점 더 커져만 갔다. 하지만 큰 문제가 되지는 않는다. 오히려 세상을 관찰하고 공부할 수밖에 없다는 사명감을 느낀다. 하나님의 마음을 가지고 기도하고 회복을 일으키기 위해 내가 할 수 있는 최선은 무엇인지 고민하며 그 길을 찾아가는 과정이 되어주기 때문이다.

그리고 현장을 공부하는 것이다. 나에게 있어 현장은 디자인실과 강의하는 자리이다. 나는 디자인과 강의를 통해 회복을 일으키는 일을 소망한다. 현장 경험을 쌓는 것이, 지금 내가 할 수 있는 자리의 최선이다. 디자인과 강의를 통해 회복을 일으키는 일을 하고 싶다면 먼저 그 현장을 알아야 한다. 처음엔 현장에 나아가는 것이 두렵다고 느껴졌다. 현장에 나가면 주목하는 눈길에 위축돼 나는 너무 작게만 느껴졌기 때문이다. 이미 그 현장에서 치열하게 살아가는 사람들, 그리고 영향력을 내며 살아가는 이들을 보며 부러운 마음과 나의 현실이 겹쳐 보였기 때문이다. 하지만 그 시간을 통해 겸손함을 배울 수 있었다. 그 분야를 통해 회복 사역을 일으키고 싶다면 겸손한 마음으로 현장의 작은 것부터 배우는 태도가 필요하다. 그 현장을 익혀가고 몸으로 부딪쳐 보아야 하는 영역이 있음을 깨달았다.

마지막으로 실력을 쌓아가는 것이다. 앞서 이야기하던 대로 현장에서 현장을 공부하다 보니, 현장에서 문제를 해결하기 위해서는 어떤 실력이 요구되는지 자연스레 알게 되었다. 그렇다면 지금 당장은 실력이 부족해 감당하기 어렵다. 조급한 마음으로 당장 무언가를 하기보다 작은 것 하나하나 공부하고 배워가며 실력을 쌓아가는 과정이 누구에게나 필요함을 깨닫는다. 디자인이라는 영역에 있어서는 프로그램을 다룰 수 있는 실력이 필요하다. 그리고 단순히 프로그램의 기술만 아는 것이 아닌, 담아내고 싶은 내용을 보는 이들로 하여금 명확한 메시지를 담은 디자인을 하는 것이 실력임을 알게 되었다. 하나의 이미지를 통해 메시지를 전달하는 것, 그것이 디자인의 매력이다. 많은 말보다 하나의 이미지로 전하고 싶은 메시지를 디자인을 통해 전달하는 힘이다. 사실 한순간에 실력이 쌓이는 영역이 아니다. 그렇기에 꾸준한 공부가 필요하다. 그림을 하나 그리더라도, 회사에서 외주를 받아 상업적인 디자인을 하

나답게, 행복하게 살고 싶어

는 순간이더라도, 그 안에 하나님 나라의 가치관을 담아내는 그림을 그리고 싶고 디자인을 하고 싶다. 메시지를 담아내는 디자인을 하기 위해, 다른 사람들의 디자인 작품을 공부하고 보고 있다. 어떤 기법을 사용했는지, 어떻게 문자와 그림을 배열하여 전하고 싶은 메시지를 담아냈는지를 관찰하는 그 과정이 재미있다.

강의도 마찬가지이다. 당장은 내가 할 수 있는 강의는 기존에 있는 툴을 가지고 와서 강의하는 것이 최선이다. 하지만 나만의 이야기와 콘텐츠를 가지고 어떻게 강의를 통해 사람들의 회복을 도울 수 있을지를 고민하고 있다. 최근 나는 삶의 엄청난 무기력감을 느낀다. 나를 잘 아는 사람이라면 그 무기력한 모습은 나답지 않다.

일 좋아하고, 사람들을 만나며, 공동체 모임을 좋아하던 내게 어느 땐가 극심한 무기력감이 찾아왔다. 사람을 만나는 것이 싫고, 공동체 모임에 나가는 것도 내켜지지 않았다. 자연스럽게 시간이 지나가면 그 감정은 사라질 줄 알았다. 분명 나는 뜻하지 않은 손님으로 인해 당황스러웠다. 하나님도 알고 신앙생활을 하며 회복이라는 소명의식 또한 분명하던 내가 아닌가. 삶의 이유와 목적이 존재하는 것을 분명히 인식하고 있음에도 불구하고 말이다. 하지만 그 시간을 뚫고 나온 무기력 때문에 지금 느끼는 것이 몇 가지 있다. 타인의 무기력감에 공감할 수 있게 되었다. 이전에 경험해보지 않는 이 감정을 이제는 나도 정말 피부로 알게 된 것이다. 그리고 그 무기력감 속에서 어떻게 삶을 다시 회복해야 하는지에 대한 답을 찾을 수 있게 되었다.

결론을 이야기하자면 강의를 하기 위해 실력을 쌓는 것에는 여러 가지가 있다. 강의 스킬을 배우는 것, 스피치 훈련, 시선 처리 등 다양한 것이 있겠지만, 이론을 가르치고 전달하는 강의가 아니라면 의외로 간단하다고 본다. 자신의 삶을 통해 실력을 쌓아갈 수 있다. 누군가의 아픔에 제일 잘 공감할 수 있는 사람은, 그 아픔을 실제로 경험해본 사람이다. 같은 아픔을 경험했던 사람이 건네는 위로의 이야기와 이론적으로 아는 이야기를 통해 건네려는 위로란 분명 큰 차이가 있다. 그렇다고 해서 '삶의 아픔을 많이 겪으면 강의 실력이 쌓인다'라고 이야기하는 것이 아니다. 내 삶의 경험을 통해 타인들이 공감하게 될 삶의 이야기가 쌓인다는 것을 이야기하고 싶은 것이다.

그렇게 나는 나의 봄날을 즐기며 나만의 방법으로 최선을 다해 살아가고 있다. 봄날의 기간이 얼마나 길어질지는 모른다. 지난 시간 겪어온 겨울의 시간보다 길 수도 있고, 때론 '순식간에 봄이 지났네!' 라고 느끼는 순간이 올 수도 있다. 하지만 분명한 것은 이

나답게, 행복하게 살고 싶어

시간이 지나고 나면 인생의 여름이 찾아온다는 것이다. 나는 또 그 시간 한층 더 성숙한 고민과 생각을 가지고 여름을 맞이하고 있을지 모른다. 여러분은 지금, 인생의 어느 계절을 지내고 있는가?